KB270234

Upgrade BEST 330

소리높여 주 찬양

CCM²U

발간사

**"이제는 온 땅이 조용하고 평온하니
무리가 소리 높여 노래하는도다."**
(사 14:7)

 찬양에 대한 간단한 정의를 사전을 통해서 알아보면
"칭찬하다, 갈채를 보내다, 존경 또는 인정을 표현하다, 말이나 노래로 높이다, 크게 보이게 하다, 영광을 돌리다."라고 나옵니다.

 이 정의 속에서 찬양의 두 가지 방향을 확인할 수 있습니다. 우리는 직접적으로 하나님을 높이거나 혹은 하나님께 대한 경외감의 표현으로 찬양을 할 수 있습니다. 또 간접적으로 다른 사람들에게 하나님을 칭찬하거나 크신 분임을 자랑할 수 있습니다. 이처럼 찬양은 우리가 직접 하나님께 드릴 수 있고 하나님에 관해 다른 사람에게 표현함으로써 드려질 수 있습니다.

 그런데 가장 중요한 것은 하나님께 드려지는 찬양은 소리를 높여 드리는 찬양, 바로 최선을 다해 드리는 찬양이 되어야 한다는 것입니다. 직접 하나님께 드리는 찬양이 될 때에도, 다른 사람에게 하나님을 표현할 때도 소리 높여 울리는 최고의 찬양이 되어야 합니다.

"너는 힘써 소리를 높이라 두려워 말고 소리를 높이라!"
(사 40:9)

 '소리 높여 주 찬양'은 한국교회에서 가장 많이 불리는 베스트 300곡에 신곡 30곡을 엄선하여 편집하였습니다. 이 찬양집을 통해 가정과 교회, 무엇보다 개인의 삶 가운데 소리 높여 울리는 찬양이 가득하길 간절히 기도합니다.

씨투유 편집실

C o n t e n t s 가나다순 | 가사첫줄 · 원제목

$\mathcal{C}ontents$

다

마

$\mathcal{C}ontents$

Contents

Contents

C ontents 코드순 | 가사첫줄 가나다순

Contents

Contents

$\mathcal{C}$ ontents

(신) 1285
(구) 1166

갈릴리 마을 그 숲속에서

(가서 제자 삼으라)

최용덕

1
A   E7   A   D/A   A
갈 - 릴리마을 그 숲 속 에서 - -
미류나무우거 진 숲 속 에서 - -
A   D   E   E7
주님그열한제자다 시 만나시사 - -
주님젊은제자들다 시 부르시사 - -
A   D   Esus4   E
마지막그들에게 말씀하시기 를 -
마지막그들에게 부탁하시기 를 -
A   E7   3   A   D/A   A
너희들은 - 가라저 세 상 으 로 -
너희들은 - 가라저 캠 퍼 스 로 -
D/E   A   A7   D   Bm7
가서제자삼으 라 세상많은사람들을
Esus4   E   3   A   D/E
세상모든영혼이네게 달렸나니 -
E7   A   A7   D   Bm7
가서제자삼으 라 나의길을가르치라
Esus4   E7   3   A   D/A   A
내가너희와 - 항상함께하 - 리라 -

메들리곡   • 그날이 도적같이 (12) • 나 자유 얻었네 (41) • 나의 가장 낮은 마음 (27)

2 감사하신 하나님

(에벤에셀 하나님)

(구) 2099

홍정식

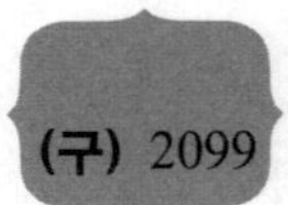

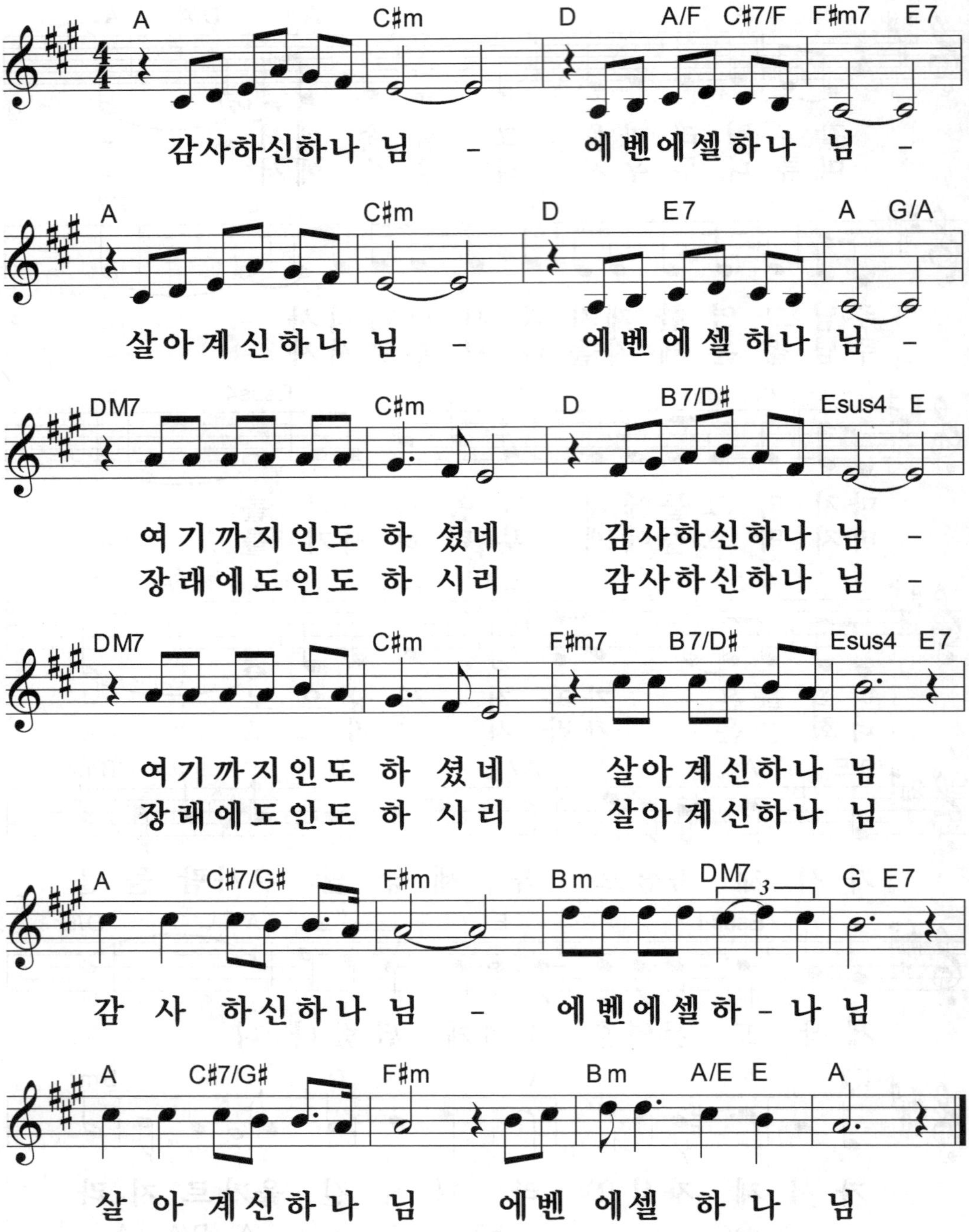

메들리곡 • 나는 찬양하리라 (21) • 예수 우리 왕이여 (163) • 주의 도를 버리고 (247)

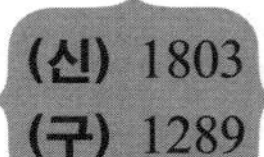

(신) 1803
(구) 1289

감사함으로 그 문에 들어가며

(He has made me glad)

Leona Von Brethorst

E   E   A   E   A   B7
감사 함으로그 문에 들어가－며 그의 궁전 에들어 가

E   E   A   E G#/D# C#m   F#m   B7   E
주께 감사드리며그 이름－을 송 축할－지 어－ 다

E   A   E   A   B7   E A E
주님의기쁨   내게임하네 나 항상기쁨안 에서 주 찬 양

E   A   E G#/D# C#m   F#m7   B7   E
주님의기쁨   내게임하네 나 기쁜찬송주께드리 네

메들리곡　• 내가 어둠 속에서 (50)　• 내 마음을 가득 채운 (59)　• 어두워진 세상길을 (148)

감사해
(Thank You Lord)

4
(신) 1569
(구) 1015
Dan Burgess
GM7   C   D/C   Bm7
감-사 해 - 시험이닥쳐 올 때에
Em7   Am7   D7   G
주께서인 도 하 시니 - 두려움 없 네
GM7   C   D/C   Bm7
또감 사- 해 - 고통이찾 아 올 때에
Em7   Am7   D7   G
주께서지 켜 주 시니 - 승리하리 라
Dm7/G   C9   C   D/C   Bm7
나의모 든 생 활속 에 서 주님이함 께하 시
Em7   Am7   D7   G
니 주님의 성령 나 를인 도하시리
Dm7/G G7   C9   C   D/C   Bm7
시 험 이 나 를찾 아 올 때주님 지 켜주 시
Em7   Am7   D7   G
리 주님의 성령 나 를인 -도하시리

감사해

1. G M7
2. D/E   A/E   D   E/D
감 – 사   모두 감사 해   절망속에 서

C#m7   F#m7   Bm7   E7
새 힘을   새로운용 기 주 시는   주님께 감

A   Em7/A   3   D   E/D   3
사   또감사드 리세 – – – 우리주님 의

C#m7   F#m7   3   Bm7   D/E
은 혜로   받을구원을감 사 해   주님을찬 양

A   B/A   Bm7(♭5)/A   A
해   –   –

메들리곡   • 주님과 같이 (211   • 찬양하라 내영혼아 (268)   • 다 표현 못해도 (80)

5 감사해요 깨닫지 못했었는데

(또 하나의 열매를 바라시며)

설경욱

감사 해요 깨닫지못했 었는데 - 내가 얼마나 - 소중한존재
라 는걸 - 태초부터지금까지 하 나 님 의사랑은 - 항
상 날향하고있었 다 는걸 - 고마워요 - 그사랑을가르
쳐준당신께 - 주 께서허락하 - 신당신 께 그리스
도의사랑으 - 로더욱 섬 기며 - 이제 나도세 상에 - 전하리
라 당신 은 사랑받기 - 위 해 그 리 고
그사랑 - 전하기 - 위 해 주께서 택 하시고 - 이땅에
심 으셨네 또 하나의 - 열매를바라시 며

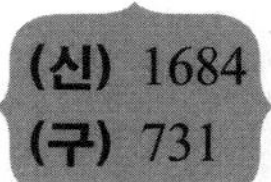

(신) 1684
(구) 731

감사해요 주님의 사랑

(Thank you Jesus for Your love to me)

6

Alison Revell

Em A7 D DM7 D6
감 사 해 요   주님의사 랑   -
D#dim7 Em A7 D
감 사 해 요   주님의은 혜
C/D D7 C/E D/F♯ GM7 A7 D F♯m 3 Bm
목 소 리 높 여주님 을   영 원히찬양해 요
Em A D
나 의 전부이신 -   나의주 님   -

메들리곡　• 나의 맘 받으소서 (31)　• 신실하게 진실하게 (134)　• 주의 인자는 끝이 없고 (253)

7 거룩하신 성령이여

(Holy Spirit we welcome You)

Chris Bowater

(구) 586
C   Dm/C   CM7   1. Dm/C   2. Bb/C C7
거 룩 하 신 - 성 령 이 여 - - -
우 리 에 게 - 임 하 소 서 -
FM7   G/F   Em7   Am7
성 령 의 - 불 - 로 오 셔서 -
Dm7   G7   CM7   Bb/C   C7
세 상 헛 된 마 음 태 우 소 서 -
FM7   G/F   Em7   Am7
손 들 고 - 주 를 바 랄 때 -
F   C/E
성 령 이 여 - - 성 령 이 여 - -
Dm7   F/G   Gsus4   C
성 령 이 여 - - 임 하 소 서 -

메들리곡　• 주의 거룩하심 생각할때 (246)　• 내 구주 예수님 (55)　• 아버지 당신의 마음이 (139)

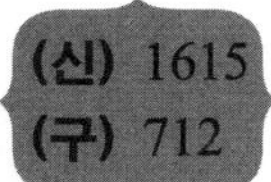

거룩하신 하나님
(Give thanks)

Henry Smith

F   C/E   Dm   Am
거 룩 하신 하 나 님- 주 께 감사 드 리세-
의 맘과 뜻 다해- 주 를 사랑 합 니다-

Bb   F/A   EbM7   1. C7
날위 해 이땅에 오신 독 생 자 예 수 나

2. C7   Bb/C C/Bb   Am9   Dm   C/E F Gm
수 내 가 약할 때 강함 주 고

C7   Bb/D C/E FM7   A7/E   Dm7   Eb
가난 할 때우 리 를 부요케하 신나 의 주

1. C7   C/Bb   2. C7   F
감 - 사 내 사 감사 -

메들리곡 • 나의 모습 나의 소유 (33) • 마음이 상한 자를 (89) • 완전하신 나의 주 (176)

거리마다 기쁨으로

(Hear our praise)

Reuben Morgan

거 리 마 - 다 기 - 쁨으 - 로 -
- 앞에 - 행할 - 때
춤 을추 - 게하 - 시고 -
주 의빛 - 비추 - 시고 -
주 의백 - 성기 - 도할 - 때 -
물 이바 - 다덮 - 음같 - 이 -
이 땅회 - 복하 - 소서 - 산 위
주 영광 - 채우 - 소서 -
에 서 - 계 곡까 지 - 우 리 찬 양 -
울 리 네 하 늘 에 서 - 열 방
까 지 - 우 리 노 래 - 가 득 하 네

거리마다 기쁨으로

십 자 가
할 렐 루 야 - 할 렐 루 - 야 - 할 렐
루 야 - 할 렐 루 야 - - 할 렐 - 산 위

메들리곡 • 복음 들고 산을 (108) • 완전한 사랑 보여주신 (179) • 주 예수 사랑 기쁨 (243)

10 경배하리 주 하나님

(I worship You, Almighty God)

Sondra Corbett

(구) 736

경 배 하 리 주 하 나 님   전 능 하 신 주
경 배 하 리 평 화 의-왕 - 주를사랑 합 니 다
찬 양 하 세 - 누 가주와 같 으 리 -
경 배 하 리 주 하 나-님   전 능 하 신 주

메들리곡 • 나약해 있을 때에도 (25) • 내 손을 주께 높이 듭니다 (63)
• 수 많은 무리들 줄지어 (132)

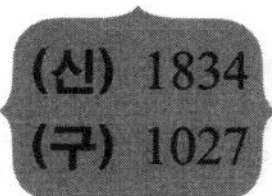

괴로울 때 주님의 얼굴 보라 11

(In These Dark Days)

Harry John Bollback

괴로울 때 주님의얼굴보라 평화의 주 님바라보아 라
힘이없 고 네마음연약할 때 능력의 주 님바라보아 라

세상에 서 시달린친구 들 아 위로의 주 님 바라보아 라
주의이 름 부르는모든 자 는 힘주시 고 늘지켜주시 리

눈을들 어 -주를보라 -네모든 염 려주께맡겨 라
슬플때 에 주님의얼굴보 라 사랑의 주 님안식주리 라

메들리곡 · 비바람이 갈 길을 막아도 (110) · 세상에서 방황할 때 (127)
· 심령이 가난한 자는 (135)

12 그 날이 도적같이

(신) 1559
(구) 1073

김민식

A   AM7   Bm   Bm7
그 날 이 도 적 같 이   이 를 줄
평 강 의 하 나 님 이   너 희 를

Esus4   E   A   A7
너 희 는 모 르 냐   -
거 룩 하 게 하 시 고   -

D   DM7   A   F#m
늘 깨 어 있 으 라 -   잠 들 지 말 아 라 -
온 몸 과 영 혼 이 -   주 오 실 그 날 에 -

Bm7   E   A
주 님 과 동 행 하 라   -
흠 없 기 원 하 노 라   -

D   A   F#m
항 상 기 - 뻐 하 라 -   쉬 지 말 고 기 도 하 라 -
이 는 예 수 안 에 서 -   너 희 에 게 향 - 하 신 -

1. E   E7   A   A7
범 사 에 감 사 하 라   -

2. Bm   E7   A D/A A
하 나 님 뜻 이 니 라   -

메들리곡 • 나의 가장 낮은 마음 (27) • 나 자유 얻었네 (41) • 많은 사람들 (91)

그는 여호와 창조의 하나님 13

(신) 1814
(구) 690
(창조의 하나님 / He is Jehovah)
Betty Jean Robinson

B7sus4 Em B7 Em D7 G
그는여호-와 창 조의하나님 그는여호 와
지존의 하나님 아브라함의 하나님 여호와 샬 롬
여호와 이-레 그는나의공급자 구원의하나님

B Em B7 Em
전능의 하나님 길르앗의 향료요 반석의하나님
평강의 하나님 이스라엘의 하나님 영원한하나님
구주의 하나님 아 들을 보내어 그를증거하셨네

B7 Em/B B7 Em G
그는여 호 와치료의하-나 님 찬양- 하 세

Em D7 G B7 Em
할렐- 루야 찬양-하세오- 할렐루야 그는여 호-와

B7 Em B7 Em/B B7 Em
전능의 하나님 그는여 호 와치료의하-나 님

메들리곡 • 성령받으라 (125) • 반드시 내가 너를 (104) • 사람을 보며 (113)

14 그리 아니하실지라도

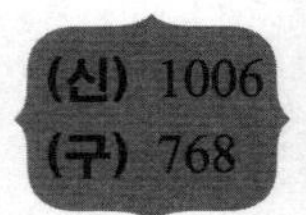

(신) 1006
(구) 768

안성진

G   Em   C   D   G

그 리 -   아니하실지라 도   감 사 해 요
그 리 -   아니하실지라 도   사 랑 해 요

Em   C   D   G   Dm   F/G   G7

주님 뜻을   믿기때문이죠 -
합 력 해서   선을이루어요 -

C   D7   G   Bm7/F#   Em

언 제 나   나를향 - 한   신실한사 랑 -

C   D   G   F/G   G7

우리를향한   그크신사 랑 -

C   D   G   Bm7/F#   Em Em/D

우 리 가   함께높이며   주를찬 양 해 -

C   D   G   C/G   G

할렐루 야 하 나 님께영광 -

메들리곡   • 다와서 찬양해 (79)   • 부흥 있으리라 (109)   • 오 이 기쁨 (171)

기도하자 우리 마음 합하여 15

Maori Tune

G C G G7 C G
기 도 하 자 우 리 마 음 합 하 여 – –
찬 송 하 자 우 리 모 두 주 님 께 – –
걸 어 가 자 하 늘 영 광 저 문 을 – –
바 라 보 자 주 님 계 신 저 문 을 – –
G C G Am D7
기 도 하 자 우 리 마 음 합 하 여 – –
찬 송 하 자 우 리 모 두 주 님 께 – –
걸 어 가 자 하 늘 영 광 저 문 을 – –
바 라 보 자 주 님 계 신 저 문 을 – –
G G7 C C7
할 렐 루 야 아 –멘– 할 렐 루 야 아 –멘–
G D7 G C G
기 도 하 자 우 리 마 음 합 하 여 – –
찬 송 하 자 우 리 모 두 주 님 께 – –
걸 어 가 자 하 늘 영 광 저 문 을 – –
바 라 보 자 주 님 계 신 저 문 을 – –

메들리곡　• 승리는 내 것일세 (133)　• 일어나라 주의 백성 (194)
• 주의 인자하심이 생명보다 (254)

16 기뻐하며 승리의 노래 부르리

(We will rejoice and sing our song of victory)

David Fellingham

(신) 1677
(구) 663
기 -뻐하며 - 승리의노래부르리
그 백성주가회복시 -키시네
그 -사랑으로 억눌렸던자모아
칭찬과명 -성얻게 하시네 -
전심으로 --- -기뻐하리 -
전심으로기 뻐하리 - 전능의왕우리함께 -
전능의왕 --- -함께하시네 -
우리의강하 신용사 - 구원과 승리주시네 -

기뻐하며 승리의 노래 부르리

A   E   C#7
기뻐 외치 며   - 주 께 두 손 들리 -   -
F#m   B7   E
춤 을 추 며   -   왕 께 찬 양 해 -   -
A   E   C#7
모든 원 수 를   -   멸 하 신 주님 -   -
F#m   B   E
전 능 의 왕   -   함께 하 시 네   -

메들리곡   • 나의 등 뒤에서 (28)   • 내 영이 주를 (66)   • 위대하고 강하신 주님 (188)

17 기도할 수 있는데

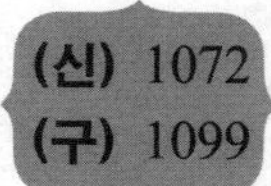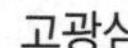
(신) 1072
(구) 1099

고광삼

기도 할 수 있는 데 왜-걱 정 하 십 니 까
할 수 있는 데 왜-실 망 하 십 니 까

기 도 하 면서 왜 염 려 하십니 까 기 도 까
기 도 하 면서 왜 방 황 하십니

주님 앞에 무릎 꿇고 간 구 해 보 세 요

마 음을 정 결 하 게 뜻 을 다 하 여

기 도 할 수 있 는 데 왜 - 걱 정 하 십 니 까

기 도 하 면 서 왜 염 려 하 십 니 까

메들리곡 • 나의 가는 길 (26) • 낮엔 해처럼 (46) • 당신이 지쳐서 (85)

나 가진 재물 없으나

(나)

18

송명희 & 최덕신

나 가진재물 없으나 - 나 남이가진지식 없으나 -

나남에게있는건강있지 않으나 - 나 남이 없는것 있 으 니

나 남이못본것을 보았고 - 나 - 남이 듣지못한음 - 성 들었고 -

나 남이 받지못 - 한사랑 받았고 - - 나 남이모르는 - 것께 달았네 - -

공 평하신 - 하 나님이 - 나남이가진것나 없지만 -

공 평하신 - - 하 나님이 - 나 남이없는것 갖게 하셨네 -

메들리곡　• 감사하신 하나님 (22)　• 나의 안에 거하라 (36)　• 나의 힘이 되신 여호와여 (40)

19 나 기뻐하리

(I will rejoice)

Brent Chambers

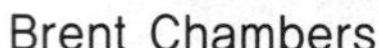

(신) 1523
(구) 1682

G   C F/C C   G   A   D
나 기 뻐 하 리 -   나 기 뻐 하 리 -

G   C   1, 3.G   A   Dsus4 D
나 기 뻐 하 리 - 나 주 안 - 에 - 서 - 기 뻐 하 - 리 - 라 -

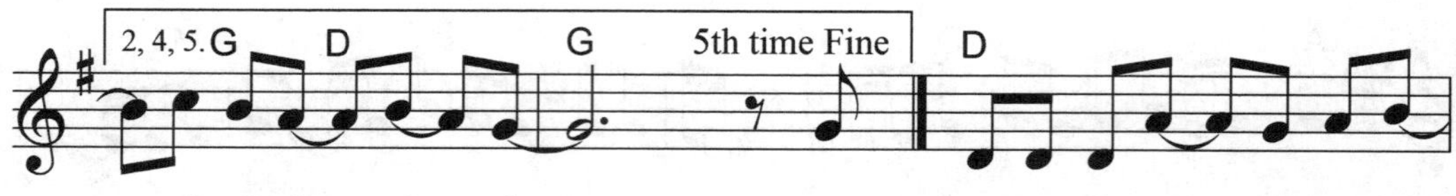

2, 4, 5.G   D   G   5th time Fine   D
- 기 뻐 하 - 리 - 라 -   1. 원   수 가 나 를 - 무 너 뜨
                                2. 환   경 에 지 배 - 를 받 지

G   D   G
- 리 려 고 -   내 마 음 에 속 - 삭 - 였 - 네   내
- 않 - 고 -   내 팔 의 힘 과 - 목 - 소 - 리   느

F   Bb
영 이 깨 어 - 넘 어   지 지 않 고 나 의
끼 는 감 정 - 과 상   관 없 이 - 내 마

F   D   C/D   D   D7
믿 음 의 고 - 백 이 원 수 를 - 뮤 네 -
음 기 뻐 하 - 기 로 결 심 을 - 했 네 -
D.C.

메들리곡   • 다 와서 찬양해 (79)   • 마지막 날에 (90)   • 주 날 구원했으니 (207)

(신) 1664
(구) 1582

나는 믿음으로

(As for me)

Daniel Dee Marks

20

D   Dm7   Em7
나 - 는 믿음으로 주 얼굴보리니
A7   Em7   A7   D   Dm7
- 아침에 깰 때에 주형상에 만족하 - 리
D7   G   A/G   F#m7   Bm
나 주님 닮기 원하 네 믿음으
Em7   A7   1. D   G/A
로 주얼굴보 리라 - 나 -
2. F#m7   B7   Em7   A7   D
라 - 믿음으로 주얼굴보리라 -

메들리곡 • 예수보다 더 좋은 친구 (161) • 오라 우리가 (169) • 주 다스리네 (299)

21 나는 찬양하리라

(I sing praises to Your name O Lord)

Terry MacAlmon

나는찬양하리 라 주 - 님 그이름찬 양
나는영광돌리 리 주 - 님 영광의이 름
예 - 수 크신주 이름 나 찬 양 하 리 라
나는찬양하리 라 주 - 님 그이름찬 양
나는영광돌리 리 주 - 님 영광의이 름
예 - 수 크신주 이름 나 찬 양 하 리 라 -

메들리곡 • 나의 힘이 되신 여호와여 (40) • 내 모든 것 나의 생명까지 (60)
• 예수 우리 왕이여 (163)

나를 지으신 주님

(내 이름 아시죠 / He knows My Name)

Tommy Walker

E   F#m7   E/G#   A   E/B   B7sus4   B7
나를 - 지으 신 주님 -   내안 - 에계셔 -
그는 - 내아 - 버지 -   난그 - 의소유 -

E   F#m7   E/G#   A   E/B   B   E
처음 - 부터 내삶은 -   그 의 손에 - 있었죠 -
내가 - 어딜 가든지 -   날 떠 나지 - -않죠 -

A   E   B   E   A   E   B   E
내이 - 름아 - 시죠 -   내모 - 든생 - 각도 -

A   E   B   C#m   A   B   E
내흐 - 르는 - 눈물 -   그 가 닦아 - 주셨죠 -
아바 - 라부 - 를때 -   그 가 들으 - -시죠 -

메들리곡
• 나를 향한 주의 사랑 (23)   • 날마다 숨쉬는 순간마다 (45)
• 전심으로 주 찬양 (197)

23 나를 향한 주의 사랑

(I could sing of Your love forever)

Martin Smith

(신) 1503
(구) 1904

나를향한 -주의 -사랑 -산과바다 -에넘 -치네 -내마음열때주님
나에게참자유주 -셨네 -늘진리속 -에거 -하며 -나의손을 -높이 -들고
-언제나주님의사 랑을노래하 리- 주의사랑노래 -하 -리 -라-
영원토록노래 -하 -리 -라- 주의사랑노래 -하 -리 -라-
영원토록노래 -하 -리 -라- 영원토록노래 -하 -리 -라-
내가춤 -을 출 때 다 비웃겠 - 지만 - -
그 들도주 - 알 게되면- 함께 기뻐 -춤 -을추게 -되리-
영 원 토 록 노 래 -하 -리 -라- -

메들리곡 • 내 주 같은 분 없네 (69) • 두 손 들고 찬양합니다 (86) • 아바 아버지 (138)

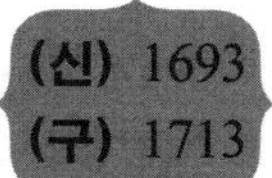

(신) 1693
(구) 1713

나 무엇과도 주님을
(Heart and Soul)

24

D   A/C#   G/B   D/A
나 무엇과 - 도주님을바 - 꾸지 - 않으리 -

G   A   Bm   A/C#
다 른 어떤 - 은혜 - 구 하지않 - 으리 -   오직

D   A/C#   G/B   D/A
주 님 만 - 이 내 삶에 -   도 움 이 - 시 니 -   주 의

G   A   D C/D D7 G   A
- 얼 굴 보기 - 원 합 니 다 -   주 님 사   랑   해 요

Bm   /A   G   A   Bm   /A   G   A
-     온 맘 과   정 성 다 해 -   하 나 님 -   의

Bm   A   G D/F# Em   A7   D
신 실 - 한   친 구 되 기 - 원 합 니 다 -

메들리곡   • 나의 맘 받으소서 (31)   • 내게 있는 향유 옥합 (54)   • 목마른 사슴 (101)

25 나 약해 있을 때에도

(주님 만이)

(구) 1819

조효성

나 약해있을때 에 도 주 님은함께계 시
시험당할때 에 도 주 님이지켜주 시
고 나 소 망있을때 에 도 주
고 나 실망당할때 에 도 주
1. 님은내게오 시 네 나 2. 님이위로하 시 네
주 님 만 - 이 내 힘이시며
오 주님 만 - 이 날 도우시네
오 나의 주 - 님 내 아버지여
오 나의 주 - 님 내 사랑이여

메들리곡 • 내가주인 삼은 (51) • 다 표현 못해도 (80) • 사랑합니다 나의 예수님 (116)

나의 가는 길

(God Will Make A Way)

(신) 1593
(구) 1988
26
Don Moen
나 의가 - 는길 - 주님 인 도하 - 시네 - 그는
보 이지 - 않아 도 - 날 위해 - 일 하 - 시네 -
주 나의 - 인 도 - 자 항상 함 께하 - 시 네 - 사
랑 과힘 - 베 푸시며 - 인 도하 - 시 네 -
인 도하 - 시 - 네
Fine
1. Am D/A C/D D
2. G G/F
광야
에 길을 만 드시 - 고 - 날 인 도해 사
막 에강 - 만 드 - 신 것 - 보라 -
하늘과땅 - 변 해 - 도 주의 말 씀영 - 원 히 - 내
D.C.
삶 속에 - 새 일 을행 - 하 리 - -

메들리곡 • 다 표현 못해도 (80) • 십자가 그 사랑 (136) • 약할 때 강함 되시네 (145)

27 나의 가장 낮은 마음

(낮은 자의 하나님)

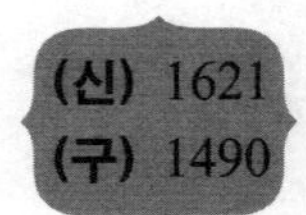

(신) 1621
(구) 1490

양영금 & 유상렬

나의가-장- 낮은마-음- 주님께-서- 기뻐하-시고
내가지-쳐 무력할-때- 주님내-게- 힘이되-시고

작은일-에- 큰기쁨-을- 느 끼게하시는도 -다-
아름다-운- 하늘나-라- 내 맘에주시는도 -다-

우리에게- 축복하신- 하나님 사랑 -

낮은자를- 높여주시고 - -

아름다운- 하늘 나라- 허락하시고 -

내모든-것- 예비하시네 - -

찬양함에 기쁨을- 감사함에 평안을-

간구함에 하나님- 알도록- 하셨네 -

나의 등 뒤에서

(일어나 걸어라)

최용덕

28

나 의등 뒤에 서 나를 도 우시 는 주
나 의등 뒤에 서 나를 도 우시 는 주
나 의등 뒤에 서 나를 도 우시 는 주

나 의 인 생 - 길 에 서 지 치 고 곤 하 여
평 안 히 길 - 을 갈 땐 보 이 지 않 아 도
때 때 로 뒤 돌 아 보 면 여 전 히 계 신 주

매 일 처럼 주저 앉고 싶을 - 때 나를 - 밀어 주시 네
지 치 고곤 하여 넘어 질때 - 면 다가 와손 내미시 네
잔 잔 한미 소로 바라 보시 - 며 나를 - 재촉 하시 네

일 어 나 걸 어 라 내가 새힘을주리 니
O O야! 일어 나라 주께 서새힘주리 니

일 어 나 너 걸 어 라 내 너를 도 우 리

메들리곡 • 내 영이 주를 (66) • 위대하고 강하신 주님 (188) • 존귀 오 존귀하신 주 (199)

29. 나의 마음을

(Refiner's Fire)

Brian Doerksen

나 의마 – 음을 – 정금과같 이 정결 케 하 소 서
나 의마 – 음을 – 주님과같 이 거룩 케 하 소 서
나 의마 – 음을 – 정금과같 이 하 소 서
나 의마 – 음을 – 주님과같 이 하 소 서
내 영혼에 – 한소망있 으니 – 주님 과 같 – 이
거룩하게 – 하 – 소 – 서 – 나의삶 을 드리니
거룩하게 – 하소서 – – 오주 – 님 나를받으 – 소 서
– 나를받으 – 소 서 – –

메들리곡 • 나를 지으신 주님 (22) • 내 갈급함 (53) • 하나님은 너를 지키시는 자 (280)

나의 만족과 유익을 위해

(Knowing You)

Graham Kendrick

나의 만족과 유익을 위 - 해 가 지 려 했 던 세
의 능 력 체 험 하 면 - 서 주 의 고 난 에 동

상 일 들 이 젠 모 두 다 해 로 여 기 - 고 주 님
참 하 고 주 의 죽 으 심 본 을 받 아 - 서 그 의

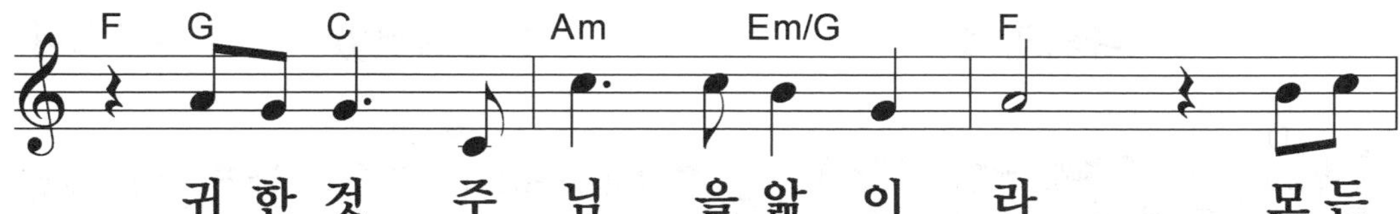

을 위 해 다 버 리 네 내 안 에 가 장
생 명 에 참 예 하 네

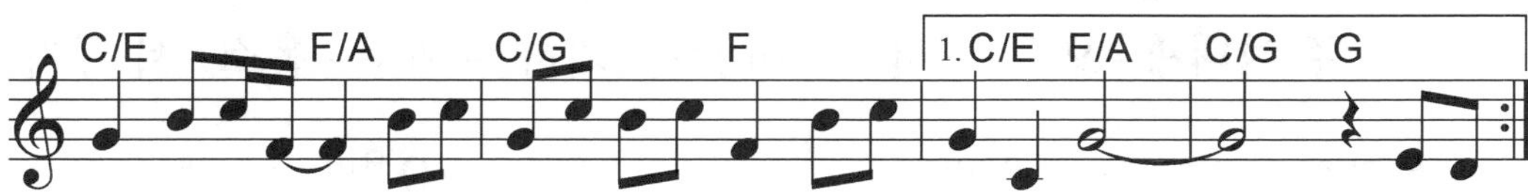

귀 한 것 주 님 을 앎 이 라 모 든

것 되 시 며 - 의 와 기 쁨 되 신 주 사 랑 합 니 다 - 부 활

2.
합 니 다 - 나 의 주 -

메들리곡　• 내 안에 사는 이 (64)　• 사랑하는 나의 아버지 (115)　• 항상 진실케 (294)

31 나의 맘 받으소서

(My heart Your home)

Nathan Nockels & Christy Nockels

(신) 2131

나의맘 받으 - 소 - 서 - - - 오셔서
주님의 - 처소삼으 - 소서 - 나의 - 전부이 - 신
주 여 내 맘을 - 받 아 주 소 - 서 - 나의맘
- 오 나의맘을 - - - - 주님께열었 - - - 으니
- 주 여 내게 - 오 - 셔서 - 내맘에 - 거하 - 여주 - 옵소 - 서 주가
기뻐하는 - 주 의성전되게하소서 나의맘 - 주 여 내맘을
- 받 아 주 소 - 서 - 주 여 내 맘을 - 받 아 주 소 - 서 -

메들리곡   • 내게 있는 향유 옥합(54)   • 신실하게 진실하게(134)   • 주의 이름 안에서(251)

(신) 1952
(구) 575
나의 반석이신 하나님
(Ascribe greatness)
Mary Lou King & Mary Kirkbride
32
A
C#m
D
Bm
나 의 반 석 이 신 하 나 님 행 하 신
A/C#
D
Esus4
E7
A
모 든 것 완 전 하 시 니 - 나 의
C#m
D
Bm
A/C#
D
생 명 되 신 하 나 님 내게행 하 신일 찬 양 합 니
Esus4
E7
A M7
C#m
D
다 - 신 실 하 신 하 나 - 님 실 수 - 가
E
Bm
E
A
E
없 으 - 신 - 좋 으 신 나 의 주 - - - - -
A
C#m
D
E
신 실 하 신 하 나 - 님 실 수 - 가 없 으 - 신 -
Bm
E
A D/A A
좋 으 신 나 의 주 -
Copyright © 1979 Integrity's Hosanna! Music.
Administered by CopyCare Korea(copycarekorea@gmail.com). All rights reserved. Used by permission.
Authorised Korean translation approved by CopyCare Korea.
메들리곡 • 많은 사람들 (91) • 온 세상 창조 주 (177) • 찬양하세 (270)

33 나의 모습 나의 소유

(I offer my life)

Claire Cloninger & Don Moen

(신) 2081
(구) 1517

F   Bb/F   C/F   Gm/F   F
나의모습 - 나의소유 - 주님앞에 - 모두드 -립니다 -
어제일과 - 내일일도 - 꿈과희망 - 모두드 -립니다 -

Dm   Bb   F/A Gm   F/A   Bb   Bb/C C
모든아픔 - 모든기쁨 - 내 모든눈물 - 받아   -주소서   -
모든소망 - 모든계획 - 내 손과마음 - 받아   -주소서   -

F   Dm   Bb   F/A
나 의 생 명 을 드 -리 니 주 영 광 위 - 하 여 -

Gm7   Bb/C C F   Dm   Bb   F/A
사 용 하 옵 소 서   내 가 사 는 날 동 - 안 에 주 를 찬 양 - 하 며 -

Gm7   C   Dm   Gm7   Bb/C C7   1, 3. F   Bb/C
Fine
기 쁨 의 제 물 되 리 -   나 를 받 아 주 소 서 -   -

2. Bbm   Db/Eb   Eb   Cm7   Fm
서   우 리 가 진 -   이 모 든 것 들 - 을 다

Bbm   Eb   Cm   Fm   Bbm   Eb
주 께 서 우 - 리 에 게 주 시 었 네 -   몸 밖 에 드 - 릴 것 이

나의 모습 나의 소유

Cm
F
Bbm
Ab/C
Bb/C
C7
D.S.
- 없으 - 니 내 삶을 받아 - 주 소 서

메들리곡　• 마음이 상한 자를 (89)　• 세상을 구원하기 위해 (128)
• 우리는 주의 백성이오니 (182)

34 나의 부르심

(This is my destiny)

Scott Brenner

(구) 1735

나 - 의부르심 - 나의영원 - 한소 - 망
예수님의 - 형상 - 을 닮 - - 는것 -
나 - 의목적 - 나의높은 - 부르 - 심
세상을뒤로 - 하고 - 주위 - 해사 - 는것 -
덮으 - 소서 - 주 - 거 - 룩한 - 품에 - 품으 - - 소서 - 이곳
이 나속 - 한곳 - 오예 - 수 이끄 - 소서 - 주
얼굴보 - 기위 - 해은 - 밀한 - 곳으로 - 내가나아갑 - 니다 -

메들리곡 • 나를 지으신 주님 (22) • 내 주 같은 분 없네 (69)
• 하나님은 너를 지키시는 자 (280)

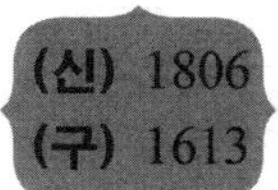

(신) 1806
(구) 1613

나의 사랑 나의 생명

(나의 예수님)

최대성

G   D   G C C/B A7   Dsus4   D7
나의사랑 나의생명 나의예 수 님 -

G   D7   Em C   D7   G
영원토록 정성다해 사 랑 합 니 다 -

G   D7   G C G/B A7   D   D7
나의 힘 되신 여호와 여 내가 사 - 랑 합 니 다

G   D7   Em C   D7   G
영원토록 정성다 해 사 랑 합 니 다 -
영 원 토 -록 정 성 다- 해 사 -랑 합 니 다 -

메들리곡
- 내 손을 주께 높이 듭니다 (63) • 모든 영광을 하나님께 (96)
- 주님과 같이 (211)

36 나의 안에 거하라

류수영

나의 안에 거 하 라 – 나는 네 하 나 님 이 니 – 모든
환난가운데 – 너를 지키 는자라 – 두려 워하지말라 – 내가널
도와주리니 – 놀라 지말라 – 네손잡아주리라 – 내가너를
지 명하 – 여불렀나 – 니너는 내 것이라 – 내 것이라 – 너의
하 나 님 이라 – 내가너를 보 배롭 – 고 존 귀하 – 게
여 기노라 – 너를 사랑하 – 는 네 여호와라 –

메들리곡
- 감사하신 하나님 (2) · 전능하신 나의 주 하나님은 (196)
- 주의 도를 버리고 (247)

나의 영혼이 잠잠히

(오직 주만이)

이유정

(신) 1666
(구) 805

37

나의영혼이 - 잠잠히 하나님만바람이여 -
나의영혼이 - 간절히 여호와를갈망하며 -
나의구원이 - 그에게서 나 - 는 도 다
나의입술이 - 여호와를 찬 - 양 하 리
나의영혼아 - 잠잠히 하나님만 - 바라라 -
나의영혼이 - 즐거이 여호와를따르리니 -
나의소망이 - 저에게서 나 - 는 도 다
나의평생에 - 여호와를 송 - 축 하 리
오직 주만이 - 나의반 - 석 나의구 - 원 - 이시니
오직 주만이 - 나의산 - 성 내가 요동치아니 하 리
리 나의구원나의영 광 하나님께있으 니
내 힘의 - -반 석과 - 피난처되시 네 - 오직
Fine
D.S.

38 나의 입술의 모든 말과

(Let the words of my mouth)

Joe Mackey

(신) 1746
(구) 820

C   G   Dm   G7   C
나의 입 술의모든말 과 나의 마음의묵상 이

F/G   C   G   F/G   C   C
주 께 열 납 되 기 를 원 하 네 –
Fine

F   C
생 명 이 – 되 신 주 –
소 망 이 – 되 신 주 –

F   Gsus4   G7
반 석 이 – 되 신 주 –
능 력 이 – 되 신 주 –
D.C.

메들리곡
- 내 입술로 하나님의 이름을 (68)
- 심령이 가난한 자는 (135)
- 주를 영원히 송축해 (230)

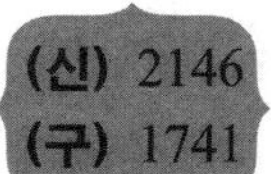

(신) 2146
(구) 1741

나의 주 나의 하나님이여
(Adonai, my Lord my God)

39

Stephen Hah

E   B/D#   A   A/B B   E   A/B B
나의 주 나의하나 님 이여   주 를경배합니 다

E   B/D#   A   A/B   E
주 사 랑하는나의 마 음을 주께 서 아시 나이 다
Fine

A   B/A   G#m7 C#m7   F#m7   B7   E D/F# E/G#
깨 뜨 릴옥합내게 없 -으며 주께 드 릴향유없지 만
고 통 속에방황하 는내마음 주- 께 로갈수없지 만

A   B/A   G#m7 C#m7   F#m7   E/B   B   D.S.
하 나 님형상대로 날빛으사 새 영 을내게부어 주 소-서 나의
저 항 할수-없는 그은혜로 주 님 의길을걷게 하 소-서 나의

메들리곡   • 내 주 같은 분 없네 (69)   • 아바 아버지 (138)   • 주는 평화 (208)

40 나의 힘이 되신 여호와여

(신) 1205
(구) 809

최용덕

나의 힘이되신여호와 여   내가 주 님을사랑합니 다
나의 생명되신여호와 여   내가 주 님을찬양합니 다

주는 나 의 반-석이 시며-   나의요 새-시라
주는 나 의 사-랑이 시며-   나의의 지-시라

주는 나 를 건 지시 는   나의 주   나의하나 님
주는 나 를 이 끄시 어   주의 길   인도하시 며

나의 피 할 바-위시 요   나의방 패시 라
나의 생 의 목자되시 니   내가따 르리 라

나 의 하   나 님   나 의 하   나-님

구 원 의뿔-이시 요   나의산 성이 라
생 명 의면류관으 로   내게씌 우소 서

나 의 하   나 님   나 의 하   나-님

그 는   나 의여호 와   나 의 구 세 주

메들리곡 • 감사하신 하나님 (2) • 사망의 그늘에 앉아 (119) • 주님 큰 영광 받으소서 (228)

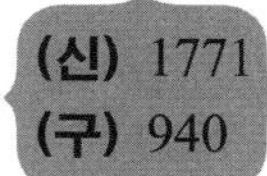

(신) 1771
(구) 940

나 자유 얻었네

41

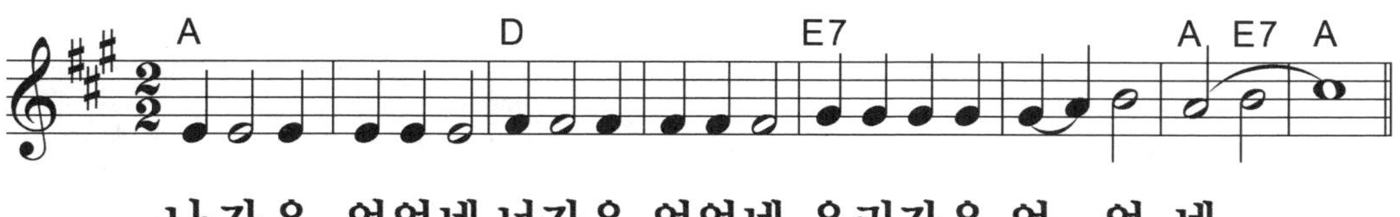

A   D   E7   A E7 A
나 자유 얻었네 너자유 얻었네 우리자유 얻 - 었 네 - -
나 구원 받았네 너구원 받았네 우리구원 받 - 았 네 - -
나 성령 받았네 너성령 받았네 우리성령 받 - 았 네 - -
나 기뻐 하겠네 너기뻐 하겠네 우리기뻐 하 - 겠 네 - -
나 은혜 받았네 너은혜 받았네 우리은혜 받 - 았 네 - -
나 믿음 얻었네 너믿음 얻었네 우리믿음 얻 - 었 네 - -
나 감사 하겠네 너감사 하겠네 우리감사 하 - 겠 네 - -

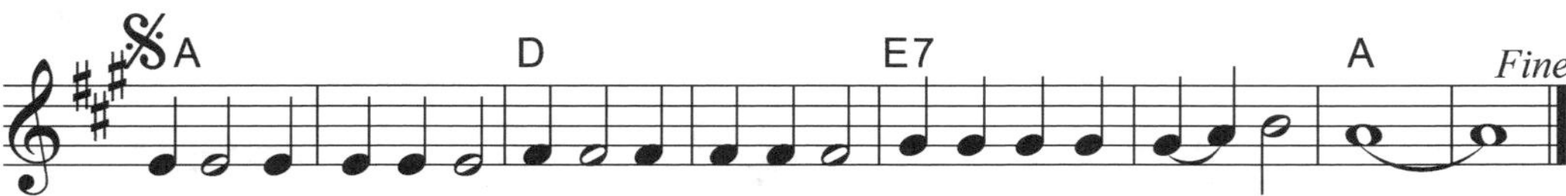

A   D   E7   A   Fine
나자유 얻었네 너자유 얻었네 우리자유 얻 - 었 네 -
나구원 받았네 너구원 받았네 우리구원 받 - 았 네 -
나성령 받았네 너성령 받았네 우리성령 받 - 았 네 -
나기뻐 하겠네 너기뻐 하겠네 우리기뻐 하 - 겠 네 -
나은혜 받았네 너은혜 받았네 우리은혜 받 - 았 네 -
나믿음 얻었네 너믿음 얻었네 우리믿음 얻 - 었 네 -
나감사 하겠네 너감사 하겠네 우리감사 하 - 겠 네 -

A   D   A   B7   E7   D.S.
주말씀 하시길 죄사슬 끊겼네 우리자유 얻 - 었 네   할렐루야

메들리곡
• 당신은 지금 어디로 가나요 (83) • 무화과 나뭇잎이 마르고 (103)
• 온 세상 창조 주 (177)

42 나 주님의 기쁨되기 원하네

(To be pleasing You)

Teresa Muller

나주님 - 의기쁨되 - 기 원하네 - 내 마음을 - 새롭게하 - 소 -
겸손히 - 내마음드 - 립 니 - 다 - 나의모 - 든것받으 - 소 -
서 - - 새부대 - 가되 - 게하 - 여 - 주 - 사 - 주
서 - - 나의맘 - 깨끗 - 케씻 - 어 - 주 - 사 - 주
님 의빛 - 비추게하 - 소 - 서 - - - 내가 원 - - 하는 -
의길로 - 행하게하 - 소 - 서 - -
한 - - 가지 - 주님의 - 기쁨이 되 는것 - 내 가
원 - - 하는 - 한가 - 지 - - - 주님의 - 기 - 쁨이되는것 - - -

메들리곡 · 내 눈 주의 영광을 보네 (57) · 세상 모든 민족이 (126)
· 저 죽어가는 내 형제에게 (195)

나 주의 믿음 갖고
(I just keep trusting the Lord)

John W. Peterson

(신) 1896
(구) 981

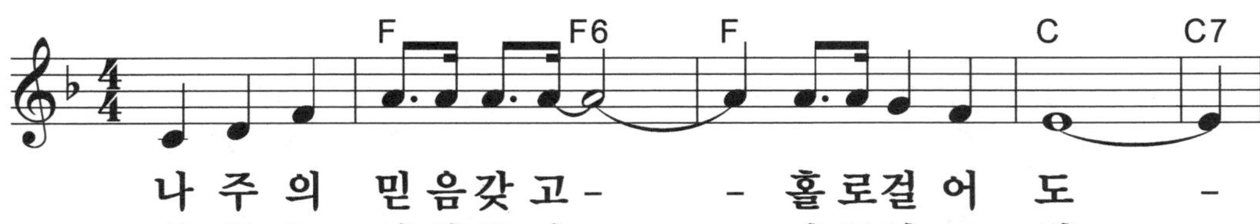
F   F6   F   C   C7
나 주의 믿음갖고 - - 홀로걸어 도 -
내 주는 선한목자 - - 나를인도 해

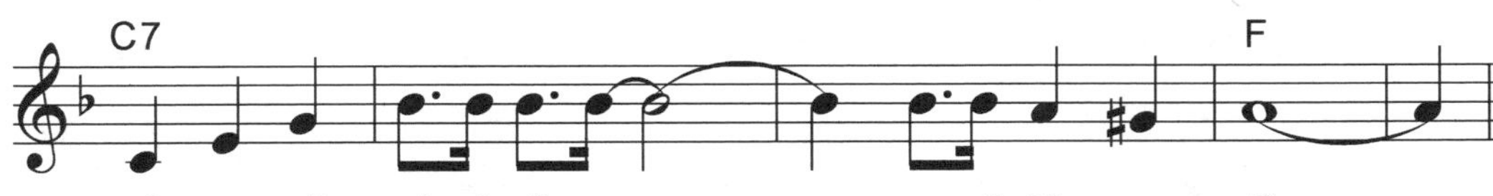
C7   F
나 주의 믿음갖고 - - 노래부르 네 -
사 망의 골짜기로 - - 다닐지라 도 -

F   F6   F7   B♭
폭 풍구름 몰아치고 - - 하늘덮어 도 -
주 님께서 나의길을 - - 인도하시 니 -

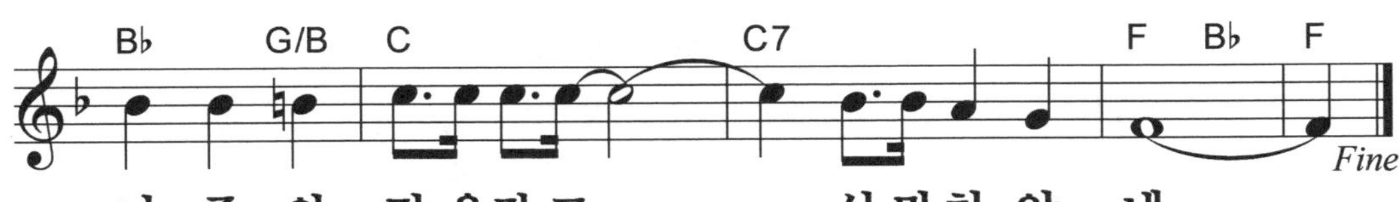
B♭   G/B   C   C7   F   B♭   F
Fine
나 주의 믿음갖고 - - 실망치않 네 -
나 주를 따라가리 - - 언제까지 나 -

F   C7   F
주 는내 친 구 - 진실한친 구 -
주 는내 목 자 - 선하신목 자 -

F   C7   F
D.S. al Fine
세 상끝 까 지 - 주의지하 리 -
어 디가 든 지 - 함께하시 네 -

메들리곡   •사람을 보며 (113) •성령 받으라 (125) •승리는 내 것일세 (133)

44
날 구원하신 주 감사
(Thanks for God for my redeener)
Arr. Roy Brunner &
John A Hultman
(신) 1679
(구) 1601

A   Bm   E   A
날구원 하신주 감사 모든 것 주심감 사
응답하 신기도 감사 거절하 신것감 사
길가에 장미꽃 감사 장미 꽃 가시감 사

A   D   E   A A7
지난추 억인해 감사 주내곁 에계시 네
헤쳐나 온풍랑 감사 모든 것 채우시 네
따스한 따스한 가정 희망주 신것감 사

D   A   F#m   B7   E
향기론 봄철에 감사 외론 가 을날감 사
아픔과 기쁨도 감사 절망 중 위로감 사
기쁨과 슬픔도 감사 하늘 평 안을감 사

C#/F   F#m   A/E   D   Bm   A/E   E7   A
사라진 눈물도 감사 나의영 혼평안 해
측량못 할은혜감사 크신사 랑감사 해
내일의 희망을감사 영원토 록감사 해

메들리곡 ·당신의 그 섬김이 (84) ·예수 우리 왕이여 (163) ·주가 보이신 생명의 길 (202)

날마다 숨쉬는 순간마다

(신) 1808
(구) 1009

(Day by day)

45

Arr. PD. Berg Sandell &
Ahnfelt Oscar

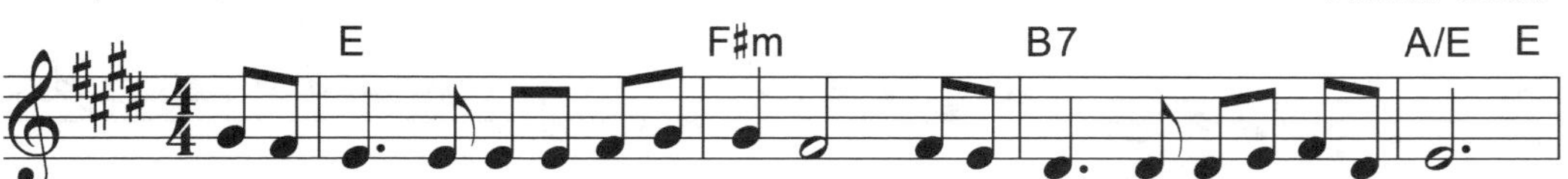

E   F#m   B7   A/E   E
날마 다 숨쉬는순간 마 다   내앞 에 어려운일보 네
날마 다 주님내곁에 계 셔   자비 로 날감싸주시 네
인생 의 어려운순간 마 다   주의 약 속생각해보 네

E   F#m   B7   A/E   E
주님 앞 에이몸을맡 길 때   슬픔 없 네두려움없 네
주님 앞 에이몸을맡 길 때   힘주 시 네위로함주 네
내맘 속 에믿음잃지 않 고   말씀 속 에위로를얻 네

E   E7   AM7   F#m   B7   E   A/B
주님 의 그자비로운 손 길   항상 좋 은것주시도 다
어린 나 를품에안으 시 사   항상 평 안함주시도 다
주님 의 도우심바라 보 며   모든 어 려움이기도 다

E   F#m   B7   E
사랑 스 레아픔과기 쁨 을   수고 와 평화와안식 을
내가 살 아숨을쉬는 동 안   살피 신 다약속하셨 네
흘러 가 는순간순간 마 다   주님 약 속새겨봅니 다

메들리곡
- 나를 향한 주의 사랑 (23) · 내 주 같은 분 없네 (69)
- 하나님은 너를 지키시는 자 (280)

46 낯엔 해처럼 밤엔 달처럼

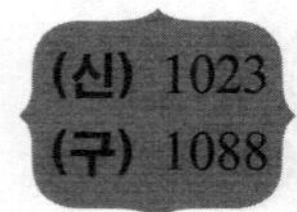

(신) 1023
(구) 1088

최용덕

G   G7   C   Am7   G   Em   Am/D D7
낯 엔해처럼 밤 엔달처럼 그렇 게 살 순없을 까   –
예 수님처럼 바 –울처럼 그렇게 살 순없을 까   –

G   G7   C   G   D7   G   C/D
욕 심도없 이 어둔 세 상비추 어온전 히 남을 위 해살듯 이   –
남 을위하 여 당신 들 의온몸 을온전 히 버리 셨던것처 럼   –

G   G7   C   Am7   G   Em   Am/D D7
나 의일생 에 꿈 이있다 면 이땅 에 빛과 소금되 어   –
주 의사랑 은 베 푸는사 랑 값없 이 거저 주는사 랑   –

G   G7   C   Am7   G   Em   Dsus4 D7
가 난한영 혼 지 친영혼을 주님 께 인도 하고픈 데   –
그 러나나 는 주 는것보다 받는 것 더욱 좋아하 니   –

G   G7   C   Am7   G   Em   Am/D D7
나 의욕심 이 나의못 난자아 가언제 나 –커 다 란짐되 어   –
나 의입술 은 주님닮 은듯하 나내맘 은 –아 직 도추하 여   –

G   G7   C   Am7   G   D7   G
나 를짓눌 러 맘을 곤 고케하 니 예수 여 나를 도 와주소 서   –
받 을사랑 만 계수 하 고있으 니 예수 여 나를 도 와주소 서   –

메들리곡　•기도할수있는데 (17)　•내가 먼저 손 내밀지 못하고 (48)
　•정결한 마음 주시옵소서 (198)

내가 그리스도와 함께

47

박윤호

내가 그 리스도 와함 - 께 십자가 에못박 혔나니 -
그런 즉 이-제 내가산 것아니요 오 직 내안 에
예수 께 --서 사 신 - 것 이-라 -
이제내 ---가 육체 가 운- 데사 는 것은 - - -
나를사 랑하사 자기몸 버리신 예수 위해산 것이 라 -

메들리곡
• 어느날 다가온 주님의 (146) • 주님 내가 여기 있사오니 (214)
• 주 사랑이 나를 숨쉬게해 (236)

48 내가 먼저 손 내밀지 못하고

(오늘 나는)

최용덕

(신) 1039
(구) 1244

내가먼저손내밀지 못 하고 –   내가먼저용서하지 못–하고 –
내가먼저섬겨주지 못 하고 –   내가먼저이해하지 못–하고 –

내가먼저웃음주지 못 하고 –   이렇게 머뭇거리고있 네
내가먼저높여주지 못 하고 –   이렇게 고집부리고있 네

그가먼저손내밀기 원 했고 –   그가먼저용서하길 원– 했고 –
그가먼저섬겨주길 원했고 –   그가먼저이해하길 원– 했고 –

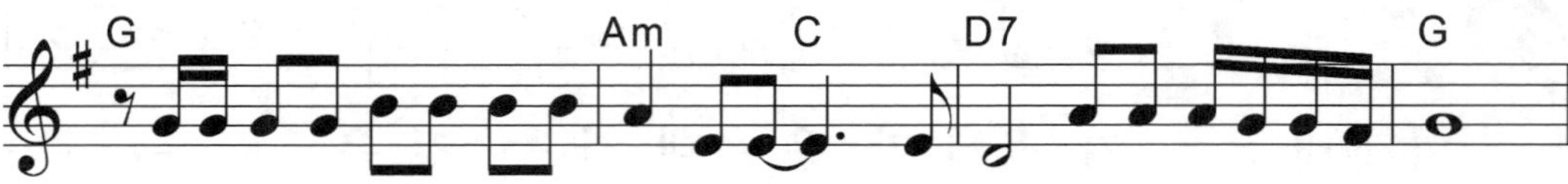

그가먼저웃음주길 원 했네 –   나 는 어찌된사람인 가
그가먼저높여주길 원 했네 –   나 는 어찌된사람인 가

오   –간교한 나의입술이여 –   오   –옹졸한 나의마음이여 –
오   –추악한 나의욕심이여 –   오   –서글픈 나의자존심이여

왜 나의입은 –   사랑을말하면서 –   왜 나의맘은 –   화해를 말하면서 –

왜 내가먼저 –   져줄수없는가 –   왜내가먼저 –   손해볼수없는가 –

내가 먼저 손 내밀지 못하고

G G7 C G D7
오 - 늘 나 는 오 늘 나 - 는
G Em C D7
주님앞에서 - 몸 둘 바모르 - 고 이렇게 흐느끼며서있 네
G C D7 G
어찌 할 수 없는 이맘을 - 주님 께 - 맡긴채 로

메들리곡 · 내가주인 삼은 (51) · 당신이 지쳐서 (85) · 손에 있는 부귀보다 (131)

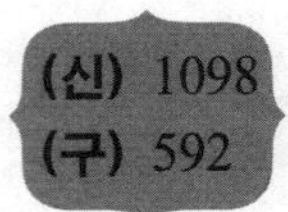

(신) 1098
(구) 592

49 내가 산을 향하여

김영기

C   F   C

내 가 산 을 향 하 여 - 눈 을 들 리 라
내 가 손 을 들 고 서 - 기 도 하 리 라

C   G7   G7   Dm7   D/F#   F/G   G7

나 의 도 움 이 어 디 서 올 - 꼬
나 의 응 답 이 어 디 서 올 - 꼬

C   F   C

천 지 지 으 신 여 호 와 - 나 의 왕 이 여
전 지 전 능 한 하 나 님 - 나 의 주 시 여

C   Dm7   G7   C

영 원 무 궁 히 지 키 시 리 로 다
나 의 출 입 을 지 키 시 리 로 다

메들리곡 • 복음 들고 산을 (108) • 어두운 밤에 (147) • 할 수 있다 하신 이는 (293)

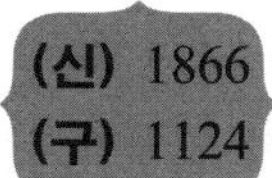

(신) 1866
(구) 1124

내가 어둠 속에서

50

문경일

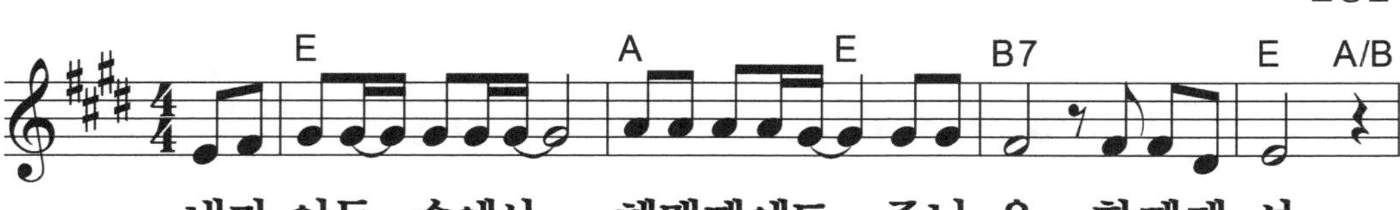

E   A   E   B7   E   A/B
내가 어둠-속에서-   헤맬때에도- 주님 은   함께계 셔
내가 은밀한곳에서- 기도할때도- 주님 은   함께계 셔
힘이 없고-연약한-   사람들에게- 주님 은   함께계 셔

E   A   E   B7   E   E7
내가 시험-당하여-   괴로-울때도- 주님 은   함께계 셔
내가 아무도모르게- 선한일할때도- 주님 은   함께계 셔
세상 모든-형제와-   자매-들에게- 주님 은   함께계 셔

A   E   B7   E   E7
기뻐찬양하네 할렐루 할렐루 야 할렐 루 할렐루 야

A   E   C#m
우리모두찬양 할렐루   할렐루 야 - - - -

F#m   B7   E
주님 나와함 께계시 네 -

메들리곡
- 나의 등 뒤에서(28) · 어두워진 세상 길을 (148)
- 찬송하라 여호와의 종들아 (265)

51 내가 주인 삼은

(신) 1647
(구) 1926

전승연

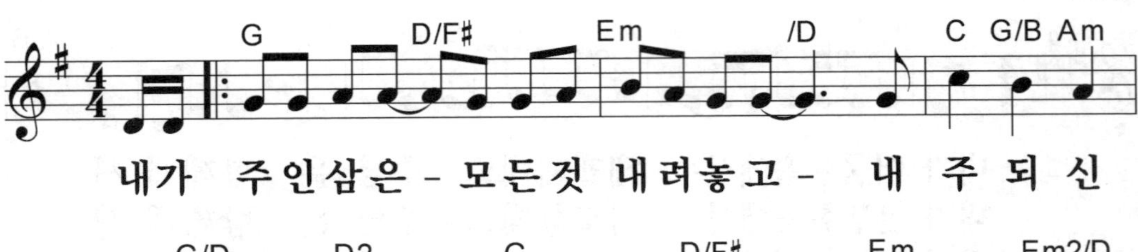
G   D/F#   Em   /D   C G/B Am
내가 주인삼은 – 모든것 내려놓고 – 내 주 되 신

G/D   D2   G   D/F#   Em   Em2/D
주앞 에 나가 – 내가 사랑했던 – 모든것 내려놓고 –

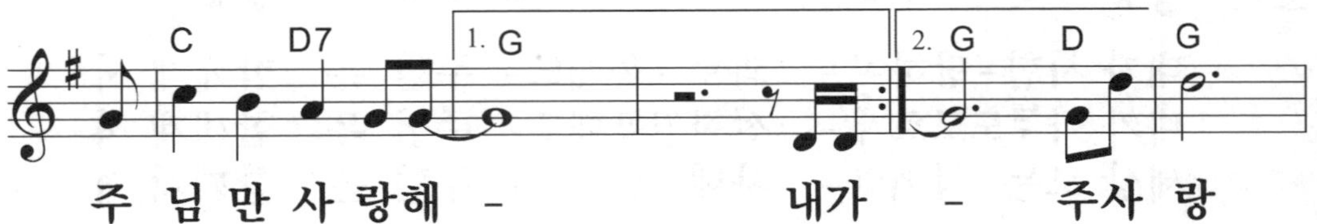
C   D7   1. G   2. G   D   G
주 님 만 사 랑 해 –   내가 – 주 사 랑

D/F#   Em7   C   G/B   Am7   D7   G
거친 풍랑에도 – 깊은 바다처럼 – 나를 잠잠케해 – 주사 랑

D/F#   Em7   Am7   D7   G
내 영 혼 의반석 – 그 사랑위에 – 서 리 –

메들리곡 • 나의 가는 길 (26) • 나 주님의 기쁨되기 원하네 (42)
• 아버지 사랑 내가 노래해 (140)

내가 처음 주를 만났을 때

52

(주를 처음 만난 날)

김석균

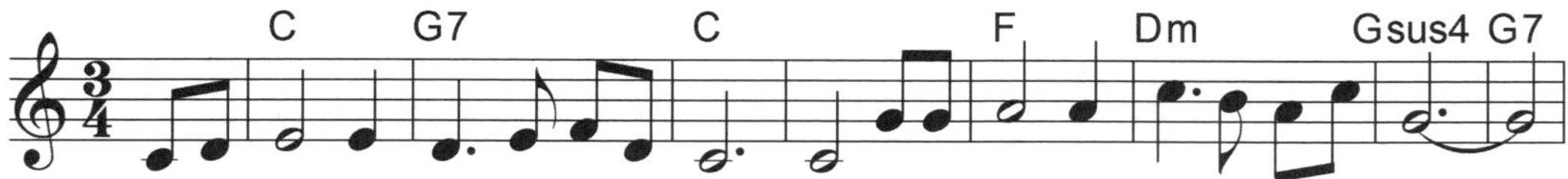

C   G7   C   F   Dm   Gsus4 G7
3/4
내가 처음 주를 만났 을 때 외롭 고 도 쓸쓸한모 습 -
내가 다시 주를 만났 을 때 죄악 으로 몹쓸병든몸 -
내가 이제 주를 만남 으 로죽음 의길 벗어나려 네 -

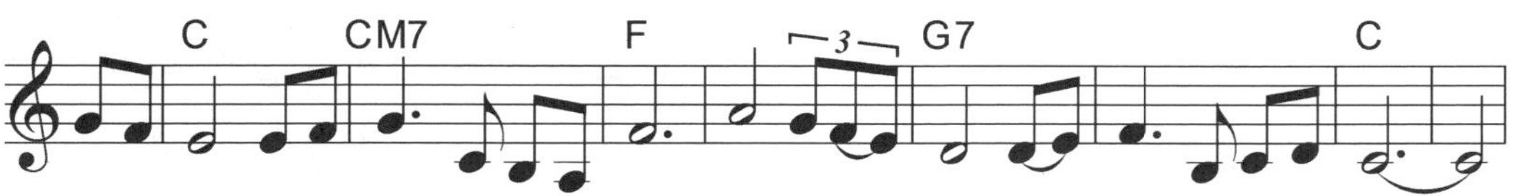

C   CM7   F   3 G7   C
말없 이 홀로걸 어가신길 은영-광 을다- 버 린나그 네 -
조용 히 내손잡 아이끄시 며병-든 자여- 일 어나거 라 -
변찮 는 은혜와 사랑베푸 신그-분 만이- 나 의구세 주 -

G   G7   C   G   G7   Esus4 E7
정녕 그분이 내형제구원 했 나 나의영 혼도구 원하려 나 -
눈물 흘리며참 - 회하였었 네 나의믿 음이뜨 거웠었 네 -
주예 수따라항 - 상살리로 다 십자 가 지고따 라가리 라 -

Am   F   C   Am   Dm   G7   F/C C
의심 많은 도 마처럼 울었 네 내가 주를 처 음만난 날 -
그러 나죄 악 이나를 삼키 고 내영 혼갈 길 을잃었 네 -
할렐 루야 주 를만난 이기 쁨 영광 의찬 송 을돌리 리 -

메들리곡 · 내 안에 사는 이 (64) · 세상에서 방황할 때 (127) · 하나님 한번도 나를 (287)

53 내 갈급함

(구) 1827

윤주형

내 갈 급 함 - 어느 것 으로 - 채울 - 수없 - 네
내 갈 급 함 - 부르 짖 는소 - 리들 - 으소 - 서

내갈급함 - 상한 나의심 - 령에 - 음 성들 - 리네 -
내갈급함 - 주의

내 게 로나 - 오 - 라 - - 영 원히 - 영 원히 -

목 마름전 - 혀 없으리 - 내 게로나 - 오 - 라 - -

가 까이 - 가 까이 - 생 수 의근 - 원 되신 주께

가 까이 - 가 까이 - 생 명 의근 - 원 되신주 - 께 -

- - - -

메들리곡 • 두 손 들고 찬양합니다 (86) • 빛 되신 주 (111) • 예수님 목 마릅니다 (159)

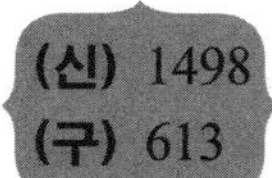

내게 있는 향유 옥합

(옥합을 깨뜨려)

박정관

D   A/C#   Bm   F#m   G   E/G#   A   A/C#
내 게 있 는 향 유 옥 합 주 께 - 가 져 와

D   A/C#   Bm   F#m   G   A7   D
그 발 위 에 입 맞 추 고 깨 뜨 - 립 니 다

Bm   F#m   G   F#m   Em7   E7/G#   Asus4   A7
나 를 위 해 험 한 산 길 오 르 - 신 그 발
나 를 위 해 십 자 가 에 오 르 - 신 예 수
주 님 다 시 이 땅 위 에 임 하 - 실 그 때

D   A/C#   Bm   F#m   G   A7   D
걸 음 마 다 크 신 사 랑 새 겨 - 놓 았 네
흘 린 피 로 나 의 죄 를 대 속 - 하 셨 네
주 의 크 신 사 랑 으 로 날 받 아 주 소 서

메들리곡
• 너 어디 가든지 (75) • 사랑은 언제나 오래 참고 (114)
• 신실하게 진실하게 (134)

55 내 구주 예수님

(Shout to the Lord)

Darlene Zschech

내 구 주 예 수 님 주같은분 - 없 - 네 - 내평생에
위 로 자 되 시 며 피난처되 - 신주님 - 나의영혼
- 찬 양 하 리 - - 놀 라 운주의사 랑 을
- 온 맘 다 해 - 주 를경배합 니 다
온 땅 이 여 - 주 님 께 - 외 쳐 라 - - 능 력 과위 - 엄 의왕
- 되 신 주 - 산 과 바 다 - 소 리 쳐 - 주 의 - 이 름
을 - - - 높 이 리 - 주 행 한 일 - 기 뻐 노
- 래 하 며 - 영 원 히주님 - 을사랑 - 하 리 라 -
신 실 하 신 - 주 의 약 - 속 나 받 - 았 네 -

메들리곡   • 나의 만족과 유익을 위해 (30)   • 주의 거룩하심 생각할 때 (246)

내 마음 다해
(My Heart Sings Praises)

Russell Fragar

56

내 마음 다 해 - 주 이름 찬 양 - 해 -
주 사랑 깊어 - - - - 말로 다 못 하 네
주 앞서 가며 - 길을 만 드시 - 네 -
오직 내 갈망 - - - - 영원히 주 찬 양
내 맘 에 힘이되신 - 주 - 영원한 - 빛이되 - 신주 -
내 모 든 호 흡이주의행하 - 심찬 - 양해 -
주 는 위 대한통 치 - - 자 - 내모든 것 주께순복해 -
내 삶 을 주의불로 - 채우 - 소서 -

메들리곡　　• 예수 열방의 소망 (164)　　• 지금은 엘리야 때처럼 (263)　　• 하늘 위에 주님밖에 (288)

57 내 눈 주의 영광을 보네
(모든 열방 주 볼 때까지)

고형원

내 눈 주의 영광을 보네 우리가운데 - 계신주 님

그빛난영광 온하늘덮고 그찬송온땅가 - 득 해 내

눈 주의 영광을 보네 찬송가운데 - 서신주 님 주

님의얼굴은 온 세상향하네 권능의팔을드 - 셨 네 주의

영광 이곳에 - 가득 해 우린 서네 주님과 함 께 - - -

찬양하 며 우리는 전진 하 - 리 - 모든열 - 방주볼때까 지

Fine

하늘 아버지 - 우릴 새롭게 하사 열방 중에서 - 주를

섬 기 게 하소서 - 모든 나라일어나 - 찬송부르며 -

영광의 주님을 - 보게하 - 소 서 주의

D.S

메들리곡　· 모든 민족에게 (97)　· 세상 모든 민족이 (126)　· 영광을 돌리세 (153)

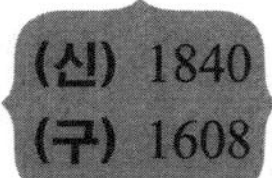

(신) 1840
(구) 1608

내 마음에 주를 향한 사랑이

58

(십자가의 길 순교자의 삶 / The way of cross the way of martyr)

Stephen Hah

A   E/B   A/C#   D   F#/C#   Bm7
내마음에주를향한 사랑이 –   나의말엔주가주신 진리로 –
내입술에찬 – 양의 향기가 –   두손에는주를닮은 섬김이 –

E   E7   1. A   D/E   2. A
나의눈에주의눈물 채 워 주 소 서   서
나의삶에주의흔적 남 게 하 소

D/E   A   AM7
하나 님 의 사 랑 이 –   영원 히 함 께 하 리 –

A7   D   Bm   E
십자 가의길을걷는자에 게   순교 자의삶을사는이에 게

E7   A   AM7
조 롱 하 는 소 리 와 –   세 상 유 혹 속 에 도 –

A7   D   Bm7   A/E   E7   A
주의 순결한신부가되리 라   내생 명 주님 께 드리 리

메들리곡　· 모든 능력과 모든 권세 (95)　· 모든이들 필요해 (99)　· 민족의 가슴마다 (102)

59 내 마음을 가득 채운

(Here I Am Again)

Tommy Walker

(신) 2113
(구) 2241

E   G#aug7   C#m7   Bm7 E7   AM7   E/G#
내마음을가득채운 주향한찬양과사랑   어떻게표현할수
수많은멜로디와 찬양들을드렸지만   다시고백하기원

F#m7 B7sus4 B E   G#aug7   C#m7   Bm7 E7
있 나   수많은찬양들로 그맘표현할길없어
하 네   주님은나의사랑 삶의중심되시오니

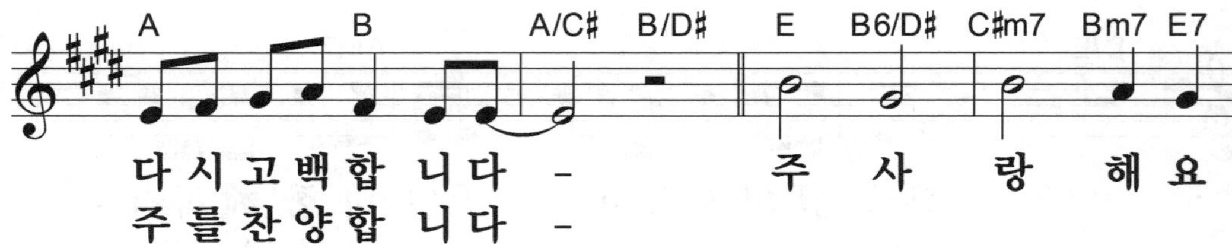
A   B   A/C# B/D#   E   B6/D# C#m7 Bm7 E7
다시고백합 니다 -   주 사 랑 해요
주를찬양합 니다 -

A   B   F#m7   E/G#   A   B7sus4   E   D#7
온맘다하여   말로다 -할수-없어- 오 주

C#m7 Cm Bm7 E7 A   B   1.A/C# B/D#   2.E
사 랑 해 요 찬양받아주 소서 -   -
last time Fine

B   C#m7   A   E   F#m7   E/G# A E/B B
주님사랑다시고백 하는새날주심감사 해 - -요-
주님사랑다시고백 하는찬양주심감사 해 - -요-

메들리곡　· 감사함으로 그 문에 들어가며 (3)　· 여호와를 즐거이 불러 (152)

내 모든 것 나의 생명까지 60

(주 임재 안에서)

설경욱

내 모 든 것 - - 나의 생명 - 까지
다 주 님 앞에 - - 드 립 니 다
주 임 재 안에서 - 이제 내 영혼 - 자
유 - 해 - 내가 주의 거룩 한 이 름을 높이며
예 배 하 리 어 린 - 양 찬양 하 - 리 - - 내
평생 그 하나로 - 충 분 해요 - - 어 린 - 양 찬양
하 - 리 - - 내 가 주의 임 재 안에 서

메들리곡
- 모든 능력과 모든 권세 (95) · 보혈 세상의 모든 (107)
- 주께 가까이 날 이끄소서 (203)

61 내 모든 삶의 행동 주 안에

(신) 2062 (구) 1661

(Every move I make)

David Ruis

G C Dsus4 C G C Dsus4 C
내모든삶의행동주안 에 주님안 – 에있네 나의숨쉬는순간들 도
G C Dsus4 C G C Dsus4 D
내모든삶의걸음주안 에 – 내길도 – 주안에 나의숨쉬는순간들 도
G C Dsus4 C G Am7 Bm7 C6 Dsus4
라라라라 – 라라 라라라라 – 라라 자비와은 혜의물결
G Am7 Bm7 C D G Am7 Bm7 C6 Dsus4
어 디 서 나 주 – 얼굴 – 보네 – 주사랑 날붙드네
G Am7 Bm7 C D G C Dsus4 C G
오 놀 라 운 주 – 님 의 사 랑 –

메들리곡　•주 보좌로부터 (234)　•주의 이름 높이며 (250)　•찬양 중에 눈을 들어 (269)

내 삶에 소망
62
(예수 닮기를)
심형진

B2   E   B2   E
내삶에 소망 -   내가바라는 - 한 분
온유하 시고 -   겸 손하신 - - 성 품

C#m7   E   B2   E
예수 - 닮기 - 를 -   내가 - 원하 - 네 -   한없는 사랑 -
예수 - 닮기 - 를 -   내가 - 원하 - 네 -   자비하 시고 -

B2   E   C#m7   E   F#
풍성한긍 휼   예수 - 닮기 - 를 -   내가 - 원하 - 네 -
위로자되시 는

B2   E   B/D#   C#m7   B/D#
예수 - 닮 - 기를 -   예수 - 보 - 기를 - 예 수만 - 높 - 이길 -

E   F#   B2   E   B/D#
내가 - 원하 - 네 -   내평 - 생 - 소원 -   예수 - 닮 - 기를 - 예

C#m7   B/D#   1. E   B2   2. E   B2
수만 - 닮 - 기를 - 내   가원 - 하 - 네 -   가원 - 하 - 네 -
Fine

C#m7   F#   C#m7   F#
완 전하신 예 수   새 롭게하 시 - 네 -

C#m7   D#m7   E   F#   D.S. al Fine
연 약한내 영 - 혼 -   온 전하게 되 - 리 -

메들리곡   • 나의 영혼이 잠잠히 (37)   • 모든이들 필요해 (99)   • 주님 큰 영광 받으소서 (228)

63 내 손을 주께 높이 듭니다

(찬송의 옷을 주셨네)

박미래 & 이정승

내 손을주께높이 듭 니다 내 찬양받으실 주 님
내 맘을주께활 짝 엽 니다 내 찬양받으실 주 님
슬 픔 대신희락 을 - 재 대신화 관 을
근 심 대신찬송 을 - 찬 송의 옷을주셨 네 내
Fine
D.S.

메들리곡 · 경배하리 주 하나님 (10) · 나 약해 있을 때에도 (25) · 영광을 돌리세 (153)

내 안에 사는 이
(Christ in me)

Gary Garcia

내 안에 사는 이 예수 - 그리스 도-니
나의죽음 - 도 유익 - 함이라
나의왕 내노래 내생명 -또내기쁨
나의힘 나의검 내평화 나의주 -

메들리곡 ・ 나의 만족과 유익을 위해 (30) ・ 많은 이들 말하고 (92) ・ 약한 나로 강하게 (144)

65 내 안에 주를 향한

(아름다우신)

심형진

(신) 1628
(구) 2283

Ab2   Eb/G   Db2
내 안에 - 주를향 한 이노래   영원한노래있으 니
십 자가 - 그사랑 찬 양 하 리   날구원하신그사 랑
Ab2   Eb/G   Db2
날 향한 - 주님의 크 신사 랑   영 원히찬양하리 라
내 삶을 - 드려찬 양 하 리 라   놀 라우신주의사 랑

Db2   Ebsus4   Eb   Ab2
영원히찬양하리 - 라 - 아 름다 우 - 신 -   오 놀라
Fm7   Db2   Ebsus4   Eb
우 - 신 -   형 언할 - 수없는 - 사 랑 -   오 위대

Fm7   Db2   Bbm7   Db   1, 3. Ab
하 - 신 -   하 나님 의사 랑   영 원 히 찬양 - 하리 -
Fine

2. Ab   Db2   Ab2   Db2   Ab2
- 주와 같은분 - 은 없 - 네 - 이세상 - 그누 - 구 도 -   주와
Db2   Ab2   Db2   1. Eb   2. Eb   D.S.
같은분 - 은없 - 네 - 누구도 - 비길수 - 없 네 -   주와 - 아름다

메들리곡 • 주님은 신실하고 (223) • 주께 가까이 날 이끄소서 (203)

내 영이 주를 찬양합니다

(신) 1512
(구) 674

정종원

내 영이 주 - 를 - 찬 양 합 니 - 다 -
내 영이 주 - 를 - 찬 양 합 니 - 다 -
내 영이 주 - 를 - - - 찬 양 합 니 - 다 -
내 영이 주 - 를 - 찬 양 합 니 - 다 -
기 - 뻐 - 하 라 - 나 의 영 혼 아 감 - 사 - 하 라
- 손 을 들 고 - 송 - 축 - 하 라 - 주 를 향 해 - 외 - - 치 라
- 기 - 뻐 - 하 라 - 나 의 영 혼 아 감 - 사 - 하 라
- 손 을 들 고 - 송 - 축 - 하 라 - 나 의 영 혼 - 아 -

메들리곡 · 우리 함께 기뻐해 (186) · 위대하고 강하신 주님 (188)
· 존귀 오 존귀하신 주(199)

67
내일 일은 난 몰라요
(I know who holds my hand)
Ira F. Stanphill
(신) 1591
(구) 825

내 일 일 은 난 몰 라 요 하 루 하 루 살 아 요
좁 은 이 길 진 리 의 길 주 님 가 신 그 옛 길
만 왕 의 왕 예 수 께 서 이 세 상 에 오 셔 서

불 행 이 나 요 행 함 도 내 뜻 대 로 못 해 요
힘 이 들 고 어 려 워 도 찬 송 하 며 갑 니 다
만 백 성 을 구 속 하 니 참 구 주 가 되 시 네

힘 한 이 길 가 고 가 도 끝 은 없 고 곤 해 요
성 령 이 여 그 음 성 을 항 상 들 려 주 소 서
순 교 자 의 본 을 받 아 나 의 믿 음 지 키 고

주 님 예 수 팔 내 미 사 내 손 잡 아 주 소 서
내 마 음 은 정 했 어 요 변 치 않 게 하 소 서
순 교 자 의 신 앙 따 라 이 복 음 을 전 하 세

내 일 일 은 난 몰 라 요 장 래 일 도 몰 라 요
내 일 일 은 난 몰 라 요 장 래 일 도 몰 라 요
불 과 같 은 성 령 이 여 내 맘 에 항 상 계 셔

아 버 지 여 날 붙 드 사 평 탄 한 길 주 옵 소 서
아 버 지 여 아 버 지 여 주 신 소 명 이 루 소 서
천 국 가 는 그 날 까 지 주 여 지 켜 주 옵 소 서

내 입술로 하나님의 이름을

정종원

내입술로 - 하나님의 - 이 름을 - 찬송하며 -
황소를드림보 - 다 진정한예배를 기 쁘게받 - 아주시는 - 주님 -
내맘으로 - 하나님을 - 즐 겁게 - 찬양하네 -
찬송을부르며 - 영원히섬기리 주 님께 영 - 광돌리 - 리 -
할 렐루 - 야 - 할 렐루 - 야 - 할 렐루 - 할렐루야 -
할 렐루 - 야 - 할 렐루 - 야 - 할 렐루 - 할렐루야 -

메들리곡 · 사랑하는 나의 아버지 (115) · 언제나 내 모습 (149) · 예수 사랑해요 (162)

69 내 주 같은 분 없네

(There's no one like You)

Eddie Espinosa

(구) 1591

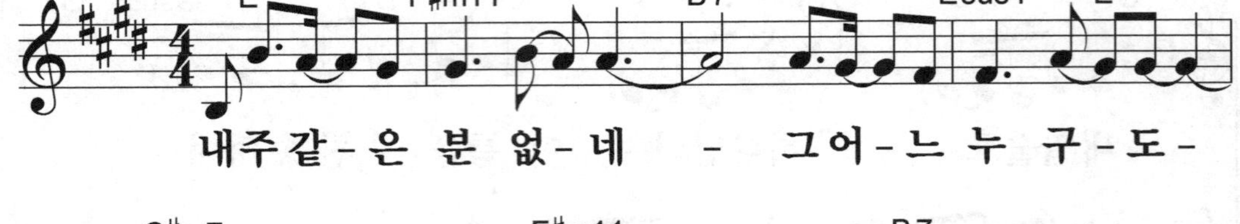
E   F#m11   B7   Esus4   E
내주같-은 분 없-네 - 그 어-느 누 구-도-

C#m7   F#m11   B7
- 내 생명-다 하 도-록 - 주 얼굴-만

A6/E   E   Fdim   F#m11
구 하-리- - 내주같-은 분 없-네

B7   Esus4   E   C#m7
- 그 어-느 누 구-도- - 내주같-은

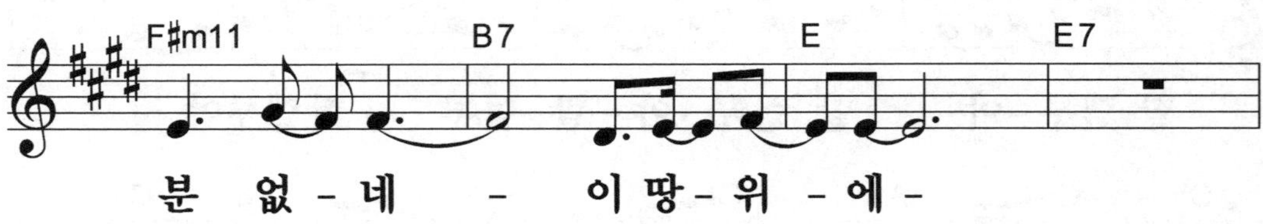
F#m11   B7   E   E7
분 없-네 - 이 땅-위 -에-

AM7   B/A   G#m7   C#m7
오 하-나 님 - 주 나의모-든 -것- -

F#m11   B7   E   E7
내주같-은분 없-네 - 이 땅-위 -에-----

내 주 같은 분 없네

AM7   B/A   G#m7   C#m
오 하-나 -님- -   - 주나의모-든 -것-   -
F#m11   B7   Esus4   E
내주같-은분 없-네 - 이땅-위 -에-   -

메들리곡 • 두 손 들고 찬양합니다 (86) • 예수님 그의 희생 기억할 때 (157)
• 전심으로 주 찬양 (197)

70 내 주의 은혜 강가로
(은혜의 강가로)

오성주
내 주 의은혜강가로 저 십 자가의강가로
내 주 의사랑있는 곳 - 내 주의강 가 로
내 주 의사랑있는 곳 - 내 주의강 가 로
갈 한나의영혼 을 생수로 가득채우소 서
피 곤 한내영혼위 에 내 주 의은혜강가 로
저 십 자가의강가 로 내 주 의사랑있는 곳 -
내 주의강 가 로 내 주의강 가 로 -

메들리곡 • 거룩하신 하나님 (8) • 죄악된 세상을 방황하다가 (210)
• 주님과 함께하는 (212)

(신) 1258
(구) 1572
내 평생 사는 동안
(I will sing unto the Lord)
71
Donya Brockway
내 평 생 사 는 동 안 주 찬 양 하 리
여 호 와 하 나 님 내 주 를 찬 양 하 리
주 님 을 묵 상 함 이 즐 겁 도 다
내 영 혼 주 안 에 서 참 기 쁘 리 -
내 영 혼 아 주 님 을 송 축 하 라 - - -
내 영 혼 아 주 님 을 찬 양 하 라 - -
내 영 혼 아 주 님 을 송 축 하 라 - - -
내 영 혼 아 주 님 을 찬 양 하 라 -
메들리곡   • 선하신 목자(123)   • 어느날 다가온 주님의 (146)   • 주 찬양합니다 (258)

72 너는 그리스도의 향기라

구현화 & 이사우

*| 사랑
 | 기쁨

메들리곡　• 너 어디 가든지 (75)　• 당신은 사랑받기 위해 (81)　• 평안을 너에게 주노라 (276)

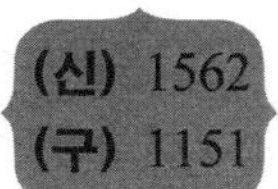
(신) 1562
(구) 1151

너는 시냇가에 심은

73

박윤호

E2   C#m7   F#m7   B7   E
너 - 는 시냇가 에 심 - 은 - 나무 라
주의 시 절을좇 아 구원열 매맺으 면

A2   E   C#m   F#m7   B7   E
하나 님 의사랑안 에믿음뿌 리내리 고
주의영 화로운 빛 - 너를보 호하리 니

A   Am6   E/B   C#m7   F#m7   B7   E2
주의 뜻 대 로 주의 뜻 대 로 항 - 상 사 세 요
주의 뜻 대 로 주의 뜻 대 로 항 - 상 살 리 라

메들리곡
• 당신은 하나님의 언약안에(78) • 우리 함께 기도해 (185)
• 축복합니다 주님의 이름으로 (271)

74 너는 담장 너머로 뻗은 나무

(야곱의 축복)

김인식

너 는 담장너머로뻗은 - 나무 가지
너 는 어떤시련이와도 - 능히 이겨
에 푸른 - 열매처럼 - 하나님의 -
낼 강한 - 팔이있어 - 전능하신 -
귀 한축 - 복 - 이 - 삶에 - 가득히 -
님 쳐날 - 거 - 야 - 너 하나님 - 께 - 서
- 너와 - 언제나 - 함 께하 - 시 - 니 -
- 너 는하나님 의 - 사 - 람 - 아름다운하나
- 님 의 - 사 - 람 - 나 는널위 - 해 - 기 - 도하며

Dm7
G7
C
네 길을 - 축 복할 - 거야   너 는 하 나 님 의
G/B
Am7
Em/G
F
- 선 - 물 -   사랑스런하나 - 님의 - 열 - 매 - 주의품에
C/E
Am
Dm7
G7
F/C
C
- 꽃 피 운 -   나 무가 되어 줘 -   -

메들리곡   • 복음 들고 산을 (108) • 아주 먼 옛날 (141) • 주 안에 우린 하나 (238)

75
너 어디 가든지 순종하라
(Wherever you may go)
Stephen Hah

D　　A/C#　　Bm　　F#m
너 어디 가 든 지　　순 종 하 라
나 어디 가 든 지　　순 종 하 리

G　　D/F#　　E　　A
너 어디 있 든 지　　충 성 하 라
나 어디 있 든 지　　충 성 하 리

D　　A/C#　　Bm　　F#m
주 너 의 하 나 님　　왕 되 신 주
주 나 의 하 나 님　　왕 되 신 주

G　　D/F#　　Em　　A7　　D
영 원 히 주 님 만　　찬 양 하 라
영 원 히 주 님 만　　찬 양 하 리

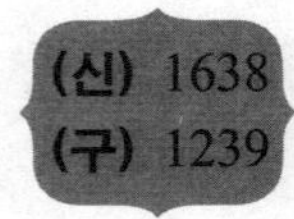

(신) 1638
(구) 1239

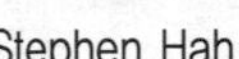

메들리곡　• 오직 주의 사랑에 매여 (175)　• 주님 나를 부르셨으니 (213)
• 주님 말씀하시면 (219)

너의 하나님 여호와가

(스바냐 3장17절)

김진호

너 의하나님여 호와 가 너 의가운데계시니 -
그 는구원을베 푸실전능자 전 능자시- 라 -
그 가너로인하여기쁨을 이 기지 못하시 며 -
너를잠 잠 - 히사 랑 하 시 - - 며 - - - - - -
즐 거이 부르며기 뻐 기 뻐하시리 라 -

메들리곡
• 감사하신 하나님 (2) • 날 구원하신 주 감사 (44)
• 하나님의 사랑을 사모하는 자(284)

77 너의 가는 길에

(파송의 노래)

고형원

(신) 1104
(구) 1670
Bm GM7 D A/E F#sus4 F#7
너의 가는길-에주의평-강 있으리- 평강 의왕함께가-시 니 너의
가는길-에주의축-복 있으리- 영광 의주함께가-시 니 네가
1. GM7 D/F# A/E Bm/F# G A Bm
걸음걸음 주 인도하-시리 주의 강한-손널이끄-시 리 너의
2. GM7 D/F# A/E Bm G A Bm
밟는모든땅- 주 님다스-리리 너는 주의-길예비케-되 리
Bm A/C# D A G D A
- 주 님나라위-하 여 길떠 나는 나의형-제 여
D A G F#sus4 F#7
주 께 서가라-시 니 너는 가라 주의이름으로 -
Bm A Bm
거칠 은광야위에 - 꽃 은 피어나고 - 세상 은네안에서 -
A G Em Bm A D F#
주님의 영광보리라-강하 고 -담대하 라 세상 이기신주늘함 -께 -
G Bm A F# Bm
너와 동행 - 하시 며 네게 새힘 늘- 주시 리 -

메들리곡 • 오직 주의 사랑에 매여 (275) • 주님 말씀하시면 (219)
• 주님 손에 맡겨 드리리 (222)

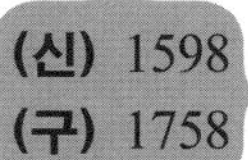

(신) 1598
(구) 1758

당신은 하나님의 언약안에

78

(축복의 통로)

이민섭

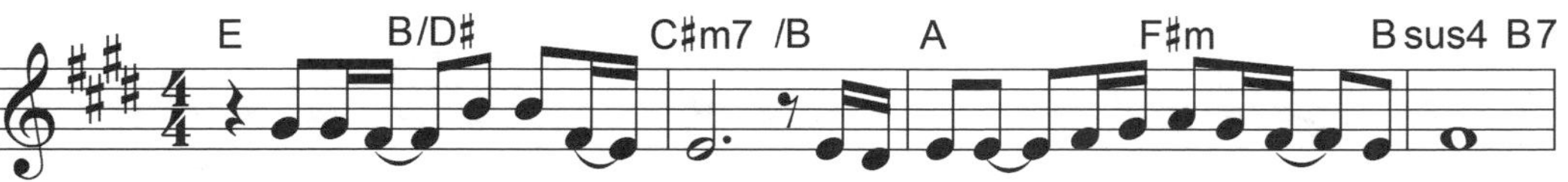

E   B/D#   C#m7 /B   A   F#m   B sus4 B7
당신은 – 하나님 – 의   언약 안에 – 있는축복의 – 통 로

E   B/D#   C#m7   /B   A   B7   E
당신을 – 통하여 – 서 열방이 –   주께 – 돌아오게되 리
주께 – 예배하게되 리

메들리곡
- 너는 시냇가에 (73) • 축복합니다 주님의 이름으로 (271)
- 하나님은 너를 지키시는 자 (280)

79 다 와서 찬양해

(Come on and celebrate)

Trish Morgan & Dave Bankhead

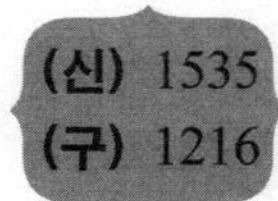

(신) 1535
(구) 1216

다 와 서 찬 양 해 - 사 랑 을 주 신 주 찬 양 해 -
사 랑 의 우 리 주 - 님 - 생 명 주 셨 네 -
소 리 쳐 찬 양 해 - 기 쁨 을 주 시 는 우 리 왕 -
찬 양 의 제 사 드 리 며 - 주 님 께 경 배 해
다 와 서 찬 양 해 - 찬 양 해 - 찬 양 해 - 주 님
1. 찬 양 해 주 님 우 리 왕 -
2. 찬 양 해 주 님 우 리 왕 - -

메들리곡 • 마지막 날에 (90) • 부흥 있으리라 (109) • 생명 주께 있네 (121)

다 표현 못해도

(그 사랑 얼마나)

설경욱

G
D/F#
Em
C
G/B
다 표현못해도 - 나 표현하리라 - 다 고백못해도 -

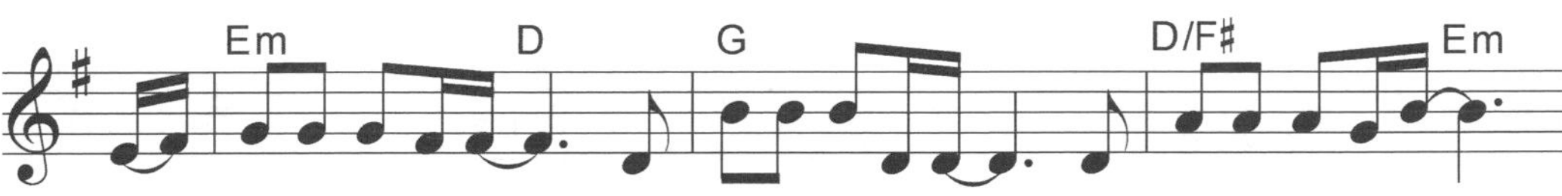
Em
D
G
D/F#
Em
나 - 고백하리라 - 다 알수없어도 - 나 알아가리라 -

C
G/B
1. Am7
D
2. Am7
다 닮지못해도 - 나 - 닮아가리라 - 다 닮아가리라

Dsus4
D7
G
D/F#
Em
Em7/D
C
G/B
- 그 사 랑 얼마나 - 아름 다운지 - 그 사 랑 얼마나 - 날

Am9
3
D
D7
G
D/F#
Em
Em7/D
부요케하 는지 - 그 사 랑 얼 마나 - 크고 놀라운지를 -

C
G/B
Am
D6
G
그 사 랑 얼마나 - 나를 감격 하게하 는 지

메들리곡
- 사랑합니다 나의 예수님 (116)   • 약할 때 강함 되시네 (145)
- 지존하신 주님 이름 앞에 (264)

81 당신은 사랑받기 위해

(신) 1574
(구) 1584

이민섭

D A/C# Bm Bm/A
당신 은 사랑받기위 - 해 태어난사람 - 당신
G D/F# 1. Em Asus4 A7 2. Em G/A D
Fine
의삶속에서 - - 그사랑 받고있지요 - 당신 받고있지 - 요
G/A D A/C# Bm Bm/A
태초부터 - 시작된 하나님 - 의사랑은 - 우리
G D/F# Em A7 D A/C#
의만남 - 을통해 열매를맺고 - 당신이이세상 - 에존
Bm Bm/A G D/F# Em A7 D
재함으로인 - 해 우리 에게얼마나 - 큰기 쁨이되는지 -
G/A A7 D A/C# Bm Bm/A
당신은사랑받 - 기위해 태어난사람 -
G D/F# 1. Em A7 2. Em G/A D G/A D.S.
지금도그사랑 - 받고있지요 - 받고있지요 - 당신

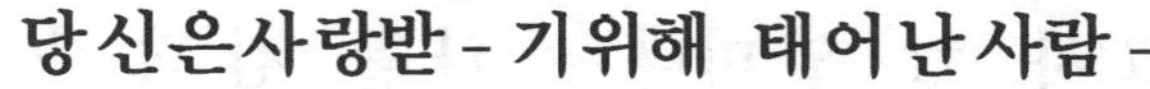

메들리곡 • 너는 그리스도의 향기라 (72) • 평안을 너에게 주노라 (276)

당신은 영광의 왕
(Hosanna To The Son Of David)

82

Mavis Ford

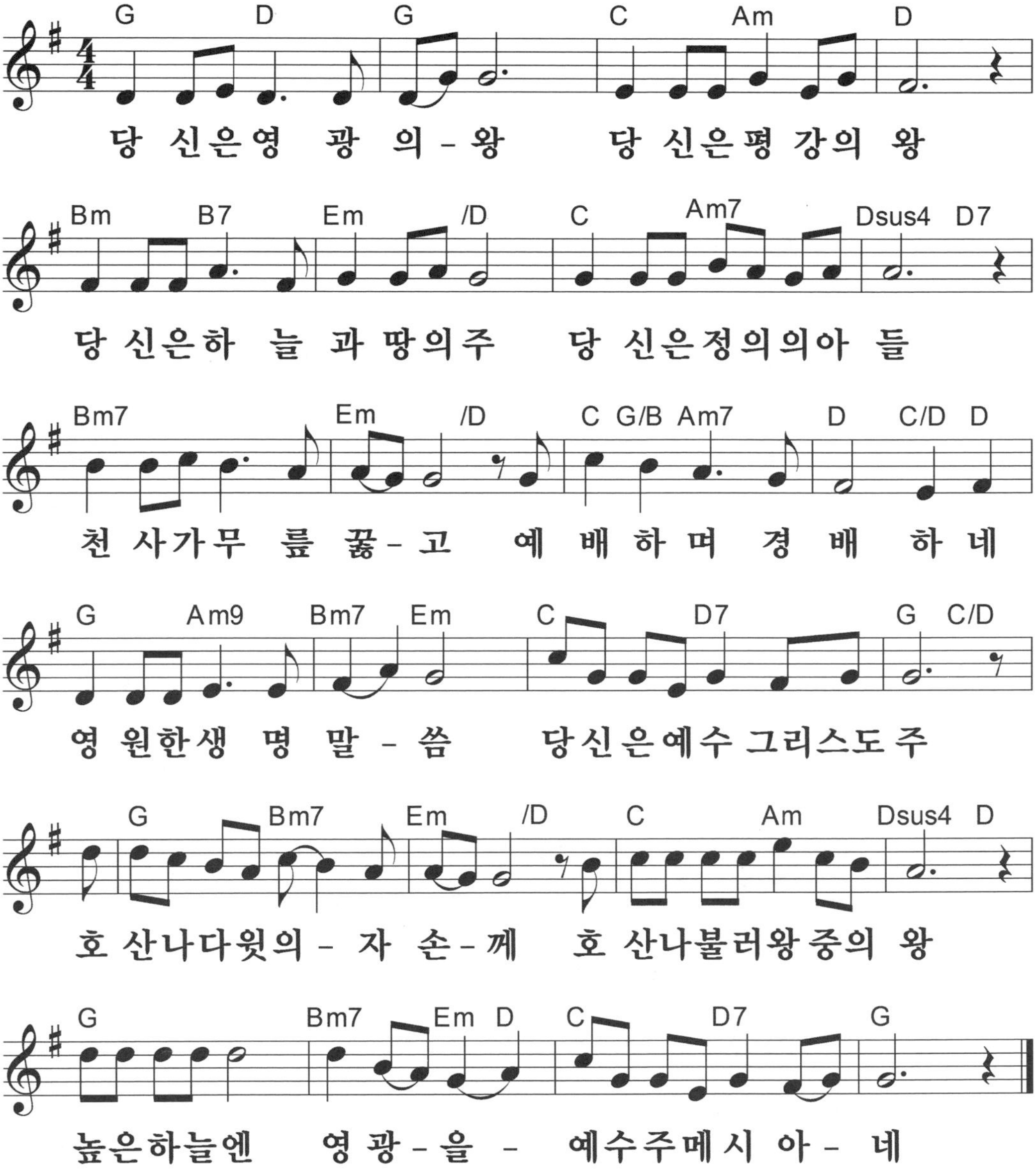

당 신은영 광 의 - 왕　　당 신은평 강의 왕

당 신은하 늘 과 땅의주　　당 신은정의의아 들

천 사가무 릎 꿇 - 고　　예 배하며 경 배 하 네

영 원한생 명 말 - 씀　　당 신은예수 그리스도주

호 산나다윗의 - 자 손 - 께　　호 산나불러왕 중의 왕

높은하늘엔　영광 - 을 -　예수주메시 아 - 네

메들리곡 · 모든 민족에게 (97) · 수 많은 무리들 줄지어 (132) · 예수는 왕 예수는 주 (158)

83 당신은 지금 어디로 가나요

(예수 믿으세요)

김석균

(신) 14 90
(구) 873

당신 은 지금 - 어디 로 가나요 발 걸음무겁 게
은 오늘 - 누굴 만 났나요 위 로 받았나 요
를 믿고 - 새롭 게 되니 - 기 쁨 이넘쳐 요

이세 상 어디 쉴곳 있 나요 - 머 물 곳있 나 요
이세 상 누가 나를 대 신하여 목 숨 버렸나 요
어둠 걷 히고 새날 이 되니 - 행 복 이넘 쳐 요

예수 안 에는안식이 있 어요 평 안이 넘쳐 요
고통 의 멍에벗어버리 세요 예 수이 름으로
이전 에 없던평안을 얻 으니 찬 송이 넘쳐 요

십자 가 보혈 믿는자 - 마다 구 원을 받아 요
마음문 열고 주님 맞으 세요 기 쁨 이넘쳐 요
샘솟 는 기쁨 전해주 - 어요 예 수 이름으 로

예 - 수믿으 세요 - 예 - 수믿으 세요 -

1, 2.
예 - 수믿으 세요 - 예수믿 으세 요 당신
예수

3.A
D
F#m
E7
요 주를 믿 는자 그는 행복해요 - 영원 한 생명 얻으 니 하나
A
D
F#m
E7
1.A
2.A
님 나라 그의 것이 라 - - 어서 예수믿 으세 요 주를 요

메들리곡 · 그날이 도적 같이 (12) · 나 자유 얻었네 (41) · 예수 나의 첫사랑 되시네 (156)

84 당신의 그 섬김이

(해같이 빛나리)

김석균

A   F#m   D   Esus4   E
당신 의 - 그섬김 이 천국 에서 해같이빛나 리
당신 의 - 그순종 이 천국 에서 해같이빛나 리

A   D   E   E7   A
당신 의 - 그겸손 이 천국 에서 해같이빛나 리
당신 의 - 그사랑 이 천국 에서 해같이빛나 리

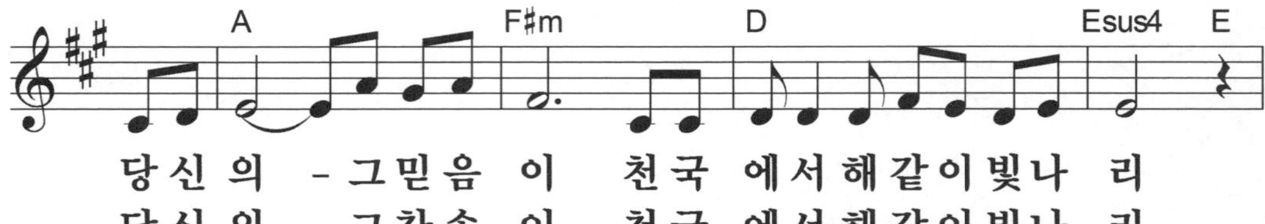
A   F#m   D   Esus4   E
당신 의 - 그믿음 이 천국 에서 해같이빛나 리
당신 의 - 그찬송 이 천국 에서 해같이빛나 리

A   D   E   E7   A
당신 의 - 그충성 이 천국 에서 해같이빛나 리
당신 의 - 그헌신 이 천국 에서 해같이빛나 리

E   A   D   E7
주님이기억하시면 족하 리   예수님사랑으로 가득한모습

A   D   Dm/F   A   E   A
천사도흠모하는 아름다운그모습 - 천국 에서해같이빛나 리

메들리곡 · 나 가진 재물 없으나 (18) · 나의 안에 거하라 (36) · 주의 도를 버리고 (247)

당신이 지쳐서

85

(누군가 널 위해 기도하네 / Someone is praying for you)

Lanny Wolfe

G   C   D7   G   C
당신이 지쳐서 -기도 할수 없 고 눈물 이 빗물 처럼-
당신이 외로이 -홀로 남았 을 때 당신 은 누구 에게-

D7   G   Dm7 G7   C   Am7
흘 러내릴때 주님은 우리 연약 함 을 아시 고
위 로를얻나 주님은 우리 상한 맘 을 아시 고

D   D7   G   C/D   GM7
사 랑으로 인 도하시 네 - 누 군 가
사 랑으로 인 도하시 네 -

C   G   B7/F# Em7   A7   Am7
널 -위 하 여 - 누 군 가 기 -도 하 네

D7   G7   C   B7   Em
- 네가홀 로 외로워 서 - 마음 이 무너질 때

Cm/Eb   G/D   Am7 D7   Gsus4   G
누 군 가 널위 - 해 기 도 하 네 -

메들리곡 · 감사해 시험이 닥쳐올 때에 (4) · 보라 너희는 두려워 말고 (105)

86 두 손 들고 찬양합니다

(I lift my hands)

Andre Kempen

(신) 1600
(구) 1263

두 손들고 찬양 합니 다 다시 오실왕
여 호와께 오직 주만이 나 를 다스리 네 -
나 주님만을 섬 기리 - 헛된마음 버 리고 -
성령이여 내 영혼 - 충만하게 하 소서 -
주 님앞 에 내생 명 드리리 라 -

메들리곡 • 나를 지으신 주님 (22) • 나를 향한 주의 사랑 (23) • 사랑해요 목소리 높여(117)

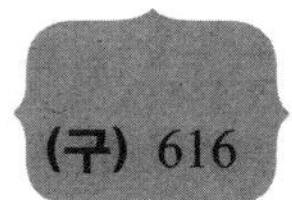

때가 차매
(Now is the time)

D Em7 D/F# G Em7 A7 F#m7 Bm7
때 가 차 매 아 버 지 께 -
Em7 A7 G/A A7 D Em7 D/F#
신 령과 진정 으로 예배 드리 네 - -
D Em7 D/F# GM7 Em7 A7 F#m7 Bm7
때 가 차 매 아 버 지 께 -
Em7 A7 G/A A7 D G/D D
신 령과 진정 으로 예배 드리 네 -

87

(구) 616

메들리곡　• 나의 맘받으소서 (31)　• 주의 임재 앞에 잠잠해 (255)　• 주 찬양합니다 (258)

88
때로는 너의 앞에
(축복송)
송정미

(신) 1183
(구) 1149

GM7　Bm7　C　Cm
때 - 로 는 너 의앞 에 어려움과 아픔있지 만
너 는택 한 족 속 이 요 왕같 은 - 제사장이 며

Am7　D7　GM7　E7
담대하 게 - 주를바 라 보는 너 의영혼 -
거룩한 나 라 하나님 의소유 된 백 - 성 -

Am　D7　CM7　Am7
너 의영 혼 우리볼 때 얼마 나아름다 운 - 지
너 의영 혼 우리볼 때 얼마 나사랑스 러 운지

CM7　D7　Bm9　E7
너의영혼 통 해 큰영광받으 실

Am7　D7　C6　G
하 나 님 을 찬 양 오할렐루 야

메들리곡 　• 경배하리 주 하나님 (10) • 왜 슬퍼하느냐 (181) • 하나님께서 당신을 통해 (282)

(신) 1882
(구) 1624
마음이 상한 자를
(He binds the broken-hearted)
89
Stacy Swalley
F C/E Dm7 F/C
마 음 이상 - 한자 - 를 고 치 시는 - 주 님 -
성 령 으로 - 채우 - 사 주 보게하 - 소서 -
Bb2 F/A Gm7 Bb/C C
하 늘의 - 아버 - 지 날 주관하 - 소서 - -
주 의임 - 재속 - 에 은혜 알 게하 - 소서 - -
F C/E Dm7 F/C
주 의 길로 - 인도 - 하사 자 유케하 - 소서 -
주 뜻 대로 - 살아 - 가리 세 상끝날 - 까지 -
Bb F/A Gm7 Bb/C
새 일 을행하 - 사 부흥 케 - 하 - 소서 -
나 를 빚으시 - 고 새날 열 어주 - 소서 -
C F Am7 Bb2 F/A Gm7 Bb/C F C7
의에 주 리고 - 목이 마 르니 - 성령의 - 기름 - 부으 - 소 서
F Am7 BbM7 F/A Gm7 C F
의에 주 리고 - 목이 마 르니 - 내잔을 - 채워 - 주소 서

메들리곡　• 아버지 사랑합니다 (154)　• 우리는 주의 백성이오니 (182)

90 마지막 날에

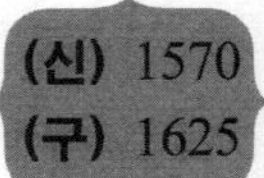

(신) 1570
(구) 1625

이 천

마 지-막- 날- -에- 내 -가-
나의 -영- 으 로 모 -든- 백 성
에 게- 부 -어- 주 리 라 - -
자녀들은 예 언할-것이요 청년들은 환 -상-을보고
아비들은 꿈 을꾸- -리라 주의영이임하 -면- -면-
성 령 -이 여- 임 -하 소 서 -
성 령 -이 여- 우리에게 임하소서 -

메들리곡 • 다 와서 찬양해 (79) • 생명 주께 있네 (121) • 성령님이 임하시면 (124)

(신) 1411
(구) 891
많은 사람들
(난 예수가 좋다오)
김석균
91

많은-사람 들 - 참된 진 리를모른 채 - 주 님곁을
무거운짐진 자 - 다- 내게-로오라 - 내가너를
그대-가만일 - 참된 행 복을찾거든 - 예수님을

떠 나갔 지만 - - 내가만난주-님 은 - 참
쉬 게하 리라 - - 이길만이생명의 길 - 참
만 나보 세요 - - 그분으로인-하 여 - 참

사 랑-이었 고 - 진리였고 소망 이었소 - -
복 된-길이라 - 항상내게 들 려 주셨소 - -
평 안을얻으 면 - 나와같이 고 백할거요 - -

난 예수가좋 다오 - - 난--

예수가좋 다오 - - 주를 사 랑 한 다던 -

베 드로고백처럼 - 난 예수를사랑한다 오 -

Copyright ⓒ 김석균. Administered by CAIOS. All rights Reserved. Used by permission.

메들리곡
• 갈릴리 마을 그 숲속에서 (1) • 나의 반석이신 하나님 (32)
• 찬양이 언제나 넘치면 (267)

많은 이들 말하고

(다시 복음 앞에)

김영표

많은 이들말 - 하고 - 많은 이들노 - 래는 - 하지 - 만정
-작 - 가지 않는 길 - 두려 운생각 - 보다 - 많이
힘들고 - 험한 - 길보 - 단그 -저 - 말로 만가려 - 기에 - 점
점 멀어 - 져만 가네 - 내게 생명주 - 었던 - 그길 - 점
점 이용 - 하 려 하네 - 내게 사랑주 - 었던 - 그 길 다시복
음 앞에 - 내영혼 서네 - 주 님 만난 그 때 나다시
돌아가 - 주님께예 - 배 드리 - 며 - - 다시 십자가 - 의길 - 걸으 리

먼저 그 나라와 의를

(Seek ye first)

(신) 1850
(구) 1098
93
Karen Lafferty

C G/B Am C/G F C/E Dm7 G7
먼 저그나 - 라와 의를구하라 그 나라와 - 그의 를
사 람이떡으로만 살것아니요 하 나님말 - 씀으 로
구 하라그리하면 주실것이요 찾 으라찾을것이 요

C G/B Am C/G F C/E Dm7 G7 C
그 리하면 이 - 모 - 든것을 너희에게더 하시 리 라
그 리하면 이 - 모 - 든것을 너희에게더 하시 리 라
두 드리라 문이 열릴것이니 할 - 렐 - 루 할렐루 야

C Em F C F C Dm G7
할 렐 루 야 할 렐 루 - 야

C Em F C F C Dm G7 C
할 렐 루 야 할렐 - 루 할렐루 야

메들리곡 • 매일 스치는 사람들 (94) • 주님 다시 오실 때까지 (216)
• 주님이 홀로 가신 (277)

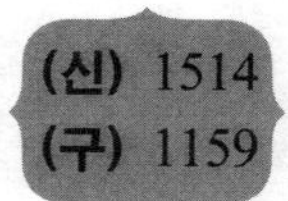

94 매일 스치는 사람들

(주가 필요해 / People Need The Lord)

Phil McHugh & Greg Nelson

(신) 1514
(구) 1159

C2 G F C2 G
매 일 스 치 는 사 람 들 - 내 게 무 얼 - - 원 하 나 -
캄 캄 한 - 세 상 에 서 - 빛 으 로 - - 부 름 받 아 -

Em Am Dm9 Gsus4 G
공 허 한 그 눈 빛 은 무 엇 으 로 채 우 나
잃 어 버 린 자 들 과 나 누 라 고 하 시 네

CM7 G F CM7 C7 F
모 두 자 기 고 통 과 - 두 려 움 - 가 득
주 의 사 랑 으 로 만 - 사 랑 할 수 있 네

Fm/Ab C/G Am Dm7 F/G G F/G G
감 춰 진 울 음 소 리 - 주 님 들 으 시 네 - -
우 리 가 나 눌 때 에 - 그 들 알 - 겠 네 - -

C Dm C/E F
그 들 은 모 두 주 가 필 요 해

G G/F C/E F C/E Dm7 F/G G F/G G
깨 지 고 상 한 마 음 주 가 여 시 네 - -

매일 스치는 사람들

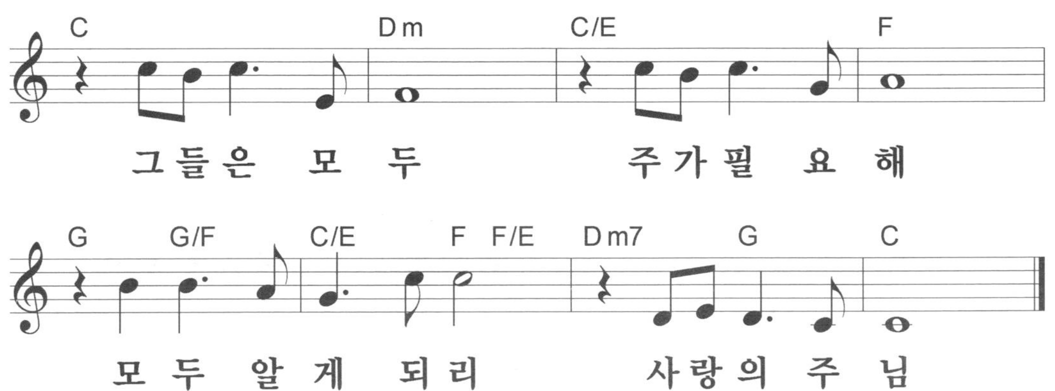

C   Dm   C/E   F
그들은 모 두   주가필 요 해
G G/F   C/E   F F/E   Dm7   G   C
모 두 알 게 되 리   사 랑 의 주 님

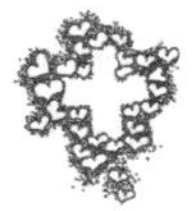

95 모든 능력과 모든 권세

(Above All)

Lenny LeBlanc & Paul Baloche

(신) 2018 (구) 1648

모든능 - 력 - 과 모든권 - - 세 - 모든것 - 위 - 에뛰어
- 나신 - 주님 - 세상이 측량 - 할수 - 없는 - 지혜 - - - 로
모든만 - 물창 - 조하 - 셨네 - 모든나 - 라 - 와 모든보 -
- 좌 - 이세상 - 모든 - 경이 - 로움 - 보다 - 이 세 상
모든 - 값진 - 보물 - 보다 - - - - 더욱귀 - 하신 - 나의 - 주님
- 십 자가 - 고 통당 - 하사 - 버 림 받고 - 외
면당하 - 셨네 - 짓 밟힌 - 장 미꽃 - 처럼 - - - -
나를 - 위해 - 죽 으셨네 - 나의 - 주

메들리곡 · 모든 상황 속에서 (98) · 보혈 세상의 모든 (107) · 내 마음에 주를 향한사랑이 (58)

모든 영광을 하나님께
(heavenly Father I appreciate You)

Anonymous

96

G   C   G
모 든 영 광 을 – 하 나 님 께   –
예 수 님 – 찬 양 받 으 소 서   –
위 로 의 – 성 령 님 이 시 여   –

Em7   A7   D   D7
모 든 영 광 을 – 하 나 님 께   –
예 수 님 – 찬 양 받 으 소 서   –
위 로 의 – 성 령 님 이 시 여   –

G   G7   C   Cm
온 맘 – 과 뜻 다 – 해 주 사 모 합 니 다
죄 사 했 네 우 리 위 해 성 령 – 주 셨 네
우 리 안 에 계 셔 – 서 늘 인 도 하 시 네

G/D   D7   G
모 든 영 광 을 – 하 나 님 께   –
예 수 님 – 찬 양 받 으 소 서   –
위 로 의 – 성 령 님 이 시 여   –

메들리곡
• 나의 사랑 나의 생명 (35) • 내 눈 주의 영광을 보네 (57)
• 내 손을 주께 높이 듭니다 (63)

모든 민족에게

(모든 영혼 깨어 일어날 때 / Great awakening)

Ray Goudie, Dave Bankhead &
Steve Bassett

모 든 민 족 에 게 - - 주 성 령 부어주소서 - - -
모 든 열 방 에 게 - - 주 성 령 부어주소서 - - -

하 나 님 의 백 성 - - 주 의 말씀주시고 -
영 광 중 에 오 사 - - 주 경 외 하게하시고 -

꿈 과 환 상 주 사 - 주 의 비밀알리소서 - - -
크 신 능 력 으 로 - 땅 과 하늘흔드소서 - - -

우 리 믿 사 오 니 - 하 늘 이 주의날선포 - 케하소서 -
주 를 기 다 리 니 - 만 물 이 주의날을보 - 게하소서 -

그 날 엔주 - 의영이 임 하 여 - 큰 부흥이 - 땅위에일

- 어 나 리 라 모 든 영혼 - 깨 어 일 어 날 때 -

주 예 수 를 - 부 르 는 자 는 - 구 원 되 리 - - -

메들리곡 • 세상 모든 민족이 (126) • 저 죽어가는 내 형제에게 (195)
• 지금 서 있는 이 곳에서 (262)

모든 상황 속에서

(신) 1563
(구) 2102

98

김영민

모든상황속- 에 서   주를찬양할- 지 라
주는너의큰 - 상 급   큰도- 움이- 시라 -
주의얼굴구- 할 때   주의영을부 - 으 사
크신사랑안- 에 서   주를보게하- 소서 -
내 영혼이- 확정 되고- 확 정되었- 사오 -니- 믿
음의눈들- 어 - - 주를 바라봄- - 니다 내 영혼이- 확정되고- 확
정되었- 사오-니- 민 음의눈들- 어 - - 주를 바라봄- 니다
주를   찬양할- 때주의나- 라 이미임 - 했네 그-
영 원한- 나 -라 보게하- 소- 서 - - 내

메들리곡 • 내 마음에 주를 향한 사랑이 (58) • 선포하라 (122) • 우리 보좌 앞에 모였네 (184)

99 모든 이들 필요해

(내 주는 구원의 주 / Mighty To Save)
Reuben Morgan & Ben Fielding

모든이 들필요 -해   완전한주사 -랑- 자
내실패 와두려 -움   주받아주소 -서-

비 베 푸소- 서 -   모든이 들필요 -해- 세-주의온유
날 채 우소- 서 -   내삶을 주께드 -려- 온전히주따르

-함 -   열 방의소 망 -
-리 -   주 께순종 해 -

예 수 산을옮기- 시 는   내주는 능력의주- 그는 구원의주- 영

원 한 구원의창 조자   사망을 이기시고- 예수 부활했네 -

예 수 산을옮기- 시 는   내주는 능력의주 - 그는 구원의주 - 영

원 한 구원의창 조자   사망을 이기시고 - 예수 부활했네 -

Fine

모든 이들 필요해

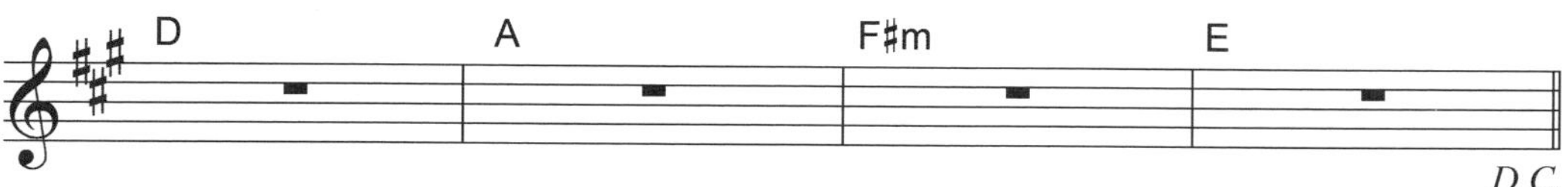

비추소서 주님의빛 -을- 찬양-해 다시사신 왕의영광
-을- 예수 비추소서 주님의빛 -을- 찬양-해
다시사신 왕의영광 -을-

메들리곡 • 보혈 세상의 모든(107) • 주 여호와는 광대하시도다 (241)
• 하나님은 우리의 피난처가 되시며 (283)

100 모든 이름 위에 뛰어난 이름

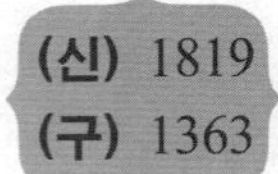

(신) 1819
(구) 1363

고형원

모든 이름위 – 에뛰어난 – 이 름   예수는 주   예수는 주
모두 무릎 꿇 고 경 배를드리세 예 수 는 만유의 – 주 님
예수는 주   예 수 는 주   온 천 하만물우 – 러 러
그 보 좌앞 영 광을돌리 – 세 예 수 예수   예수는 – 주   –

메들리곡 • 나 무엇과도 주님을 (24) • 신실하게 진실하게 (134)
• 오소서 진리의 성령님 (170)

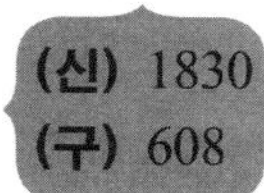

(신) 1830
(구) 608

목마른 사슴

(As the deer)

Martin Nystrom

목 마 른 사슴 시 냇 물을찾아 헤 매이 듯 이
금 보 다 귀한 나 의 주님내게 만 족주 신 주

내 영 혼 주를 찾 기 에 - 갈급하 - 나 이 다
당 신 만 이 - 나 의 기쁨또한나 의참 보 배

주 님 만 이 - 나 의힘 나 의 방 패 나의참 소 망

나 의 몸 정 성 다 바 쳐서주님 경 배합 니 다

메들리곡　• 감사해요 주님의 사랑 (6)　• 나의 맘 받으소서 (31)
　　　　　• 아침 안개 눈 앞 가리 듯 (142)

102 민족의 가슴마다

(그리스도의 계절)

(신) 1700
(구) 1880

김준곤 시, 박지영 정리 & 이성균

민족의 - 가 슴 마다 피묻 은 그리스도를 - 심 어 이땅
에 푸르고 - 푸른 - 그리 스도의계절 - 이 - - 오게하소 서 서
이땅에 - 하나님 - 의나라가 - 이뤄지 게하옵 - 소 서
모든 사 람의마 - 음과 - 교회 와가정 - 에도 - - 하나님 나라가 -
임 하게 하여주 - 소 - 서 - 주의 청 년들이 - 예수의 꿈 을꾸고 -
인류 구원의 - 환상을 보게하 - 소 - 서 - 한 손엔 복 음들고 -
한손엔사랑을들고 - 온땅 구석구석누비 - 는 나라 - 되게하소 서
서 이땅 구석구 - 석에 - 서 - 예수를주로 고백 하게하 - 소 - 서 -

민족의 가슴마다

FM7   Em   Dm   Gsus4   G7
하늘의뜻이땅에 이뤄주-소-서-주의 나라-되게하소 - 서 - -
C   Am   F
주의 청 년들이 - 예수의꿈 을꾸고 - 인류 구원의 -   환상을
Gsus4   G7   C   Am
보 게하-소-서- 한손엔 복 음들고 - 한손엔 사 랑을 들고-
F   Gsus4   G7   C
온 땅 구 석 구 석누비-는 나 라 - 되게하 소 서

메들리곡 • 내 마음에 주를 향한 사랑이 (58) • 사망의 그늘에 앉아 (119)
• 지금 우리는 마음을 합하여 (261)

103 무화과 나뭇잎이 마르고

(Though the fig tree)

(신) 1890
(구) 1254

Tony Hopkins

A   A7   D   A
무화과 나 뭇 잎 이 - 마 르고 - 포도 열 매가없 으며 -

A   F#m   B7   E7
감 람 나무열매 그 치고 논밭에 식 물이없 어도 -

A   A7   D   A
우리에 양 떼 가 없 으며 외양간 송 아지없 어도 -

A   F#m   Esus4   E7   D   A
난 여호와 로 즐거워하리 난 여호와 로 즐거워하리

A   F#m   B7   E7   A
난 구 원의하 나 님 을 인해 기 뻐 하 -리라 -

메들리곡   • 나의 가장 낮은 마음 (27) • 나 자유 얻었네 (41) • 주님 같은 반석은 없도다 (209)

반드시 내가 너를

(신) 1799
(구) 1288
104
박이순

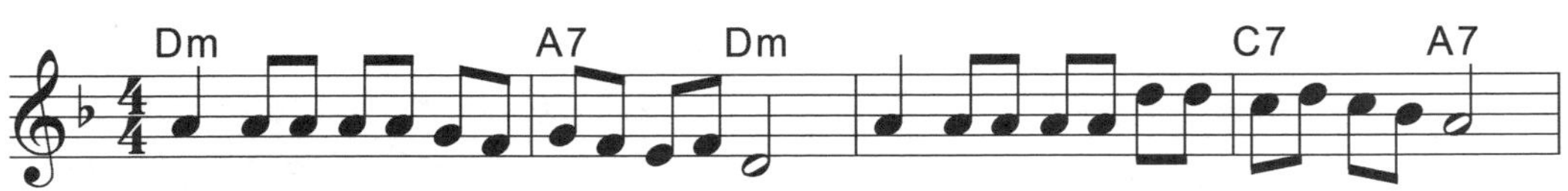
Dm   A7   Dm   C7   A7
반 드시내가너를 축복하리라   반 드시내가너를 들어쓰리라

Dm   A7   Dm   A7   Dm
천 지는변 해도 나의약속은   영 원히변치않으 리
세 상의소 망이 사라졌어도   온 전히나를믿으 라

F   Bb C7   F   Bb   C7   F
두 려 워 말 라 강하고 담대하 라   낙 심 하며 실망치말라
두 려 워 말 라 강하고 담대하 라   인 내 하며 부르짖으라

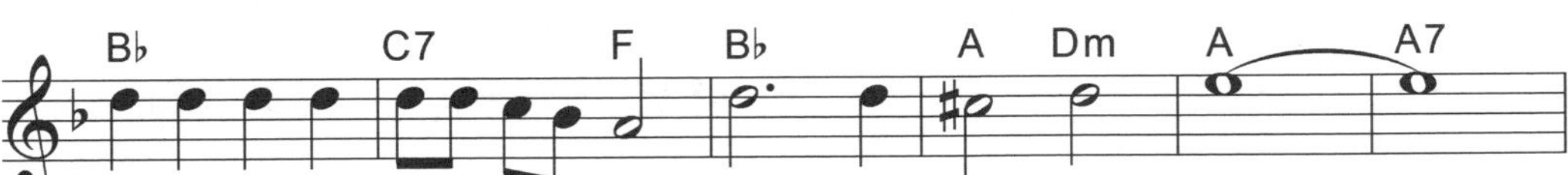
Bb   C7   F   Bb   A Dm   A   A7
낙 심 하며 실망치말라 실 망 치 말 라   -
인 내 하며 부르짖으라 부 르 짖 으 라   -

Dm   A7   Dm   F   A7
네 소원이루는날 속히오리니   내 게 영광돌리 리
영 광의그 - 날이 속히오리니   내 게 찬양하리 라

Dm   Gm7   A7   Dm
네 소원이루는날 속히오리니   내 게 영광돌리 리
영 광의그 - 날이 속히오리니   내 게 찬양하리 라

메들리곡   • 그는 여호와 창조의 하나님 (13)   • 사람을 보며 (113)   • 성령 받으라 (125)

105 보라 너희는 두려워 말고

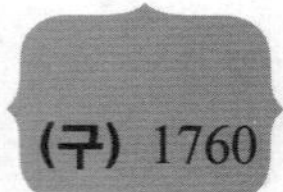
(구) 1760

이연수

보 라 너희는 두려워말고 - 보 라 너희를 인도한나를 -
보 라 너희는 지치지말고 - 보 라 너 희를 구원한나를 -
너 희를 치던 적은 어디있느냐 - 너희 를억누르던 - 원수는
어디있느냐 - 보 라 하 나님 구원을 - 보 라
하 나 님 능력을 - 너희를 위 해서 싸 우 시는 -
주의 손 을 보라 보 손 을 보 라

메들리곡 · 당신은 영광의 왕 (82) · 십자가 그 사랑 (136) · 오직 주님만 (174)

보혈을 지나

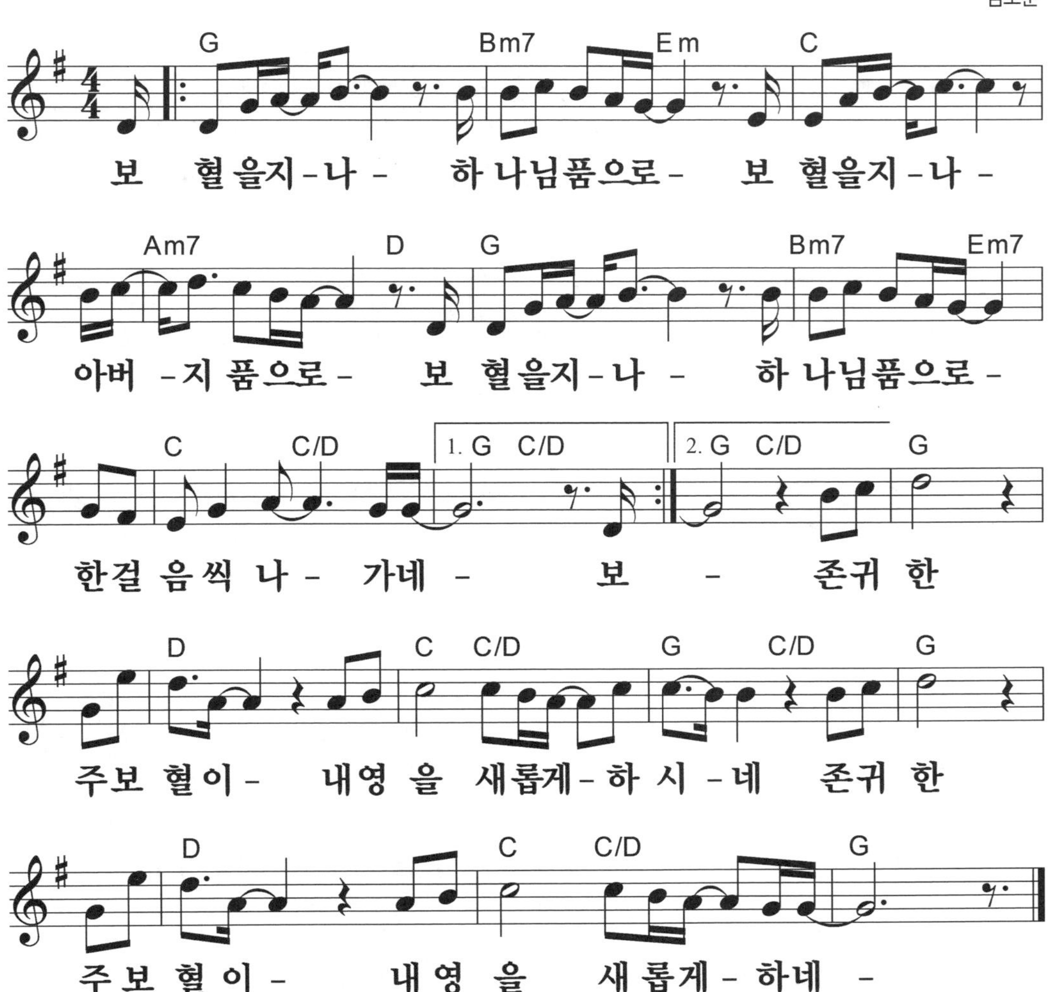
(신) 1272
(구) 1623
106
김도훈
보 혈을지-나 - 하 나님품으로- 보 혈을지-나 -
아버 -지 품으로- 보 혈을지-나 - 하 나님품으로-
한걸 음 씩 나- 가네 - 보 - 존귀 한
주 보 혈 이- 내영 을 새롭게-하 시 -네 존귀 한
주 보 혈 이- 내영 을 새롭게 - 하네 -

메들리곡　• 주님은 신실하고 (223)　• 찬양하라 내 영혼아 (268)　• 하늘의 나는 새도 (290)

107 보혈 세상의 모든

(예수의 피 밖에 / Nothing But The Blood)

Matt Redman

보 혈 세상의 – 모든 – 헛된외침 – 보다
– 능력있는 – 말씀 – 날의롭다 – 하며 – 날보호하 – 시네
– 예 수의 – 보혈 –
우리 죄 – 를 씻
우릴 정 – 결 케
– 기 고 – 다시온 – 전 케 – 하 는 – 예수피밖에 –
– 하 여 – 친구되 – 게하 – 기 는 – 예수피밖에 –
예수의피밖 – 에 없 – 네
없 – 네
십 자 가 은 혜의 – 증 거 – 주마음알 – 게해
– 우리길되 – 시네 – 담대히나 – 가네 – 세상의지 – 않고

D
A2
F#m7
E
3. A2
D.S.
오직 주보 - 혈로 -
없 - 네
E
D
A2
F#m7
주 보혈찬양해 - 주 보혈찬양해 -
E2
D
1. A2
E D
예수피밖에- 예수의피밖에 없 - 네 주
2. A2
E
D
A
없 - 네

메들리곡
- 나의 영혼이 잠잠히 (37) • 내 모든 것 나의 생명까지 (60)
- 유월절 어린양의 피로 (190)

108

복음 들고 산을
(Our God Reigns)

Leonard E Jnr. Smith

(신) 1603
(구) 1170

복음들고 산 을 넘는자 들의 발길
아름답 고 도 아름답 도 다
평화전하 며 복 된소 식 을외 치네
주 다 스 - 리 시 네 -
주 다 스 - 리 시 네 -
주 다 스 - - - - - 리 시 네

메들리곡 • 어두운 밤에 (147) • 주 예수 사랑 기쁨 (243) • 할 수 있다 하신 이는 (293)

부흥 있으리라

109

(There's gonna be a revival)

Renee Morris

G   C   G
부 흥 - 있 - 으리 - 라 -   이 땅에 - - -
G   C   D   B/D#
부 흥 - 있 - 으리 - 라 -   이 땅에 - - -   동쪽과
Em   B7/D#   Em7/D   C#m7(♭5)
- (동쪽) 서 쪽 - (서쪽) 남 쪽 - (남쪽) 북 쪽에 -
Am7   G/D   D7aug   1. G   C/D
부 흥 - 있 - 으리 - 라 -   이 - 땅에 -   -
2. G F G Bb   C Bb G F   G   F7 F#7   G
- - - - - - - - -   이 땅 에

메들리곡   • 나 기뻐하리 (19)   • 다 와서 찬양해 (79)   • 주 날 구원했으니 (207)

110 비바람이 갈 길을 막아도

(나는 가리라)

(신) 1491 (구) 1028

김석균

비바람이갈길을 막 아 도 나는 가리 - 주의길을가 리
험한파도앞길을 막 아 도 나는 가리 - 주의길을가 리
눈보라가앞길을 가 려도 나는 가리 - 주의길을가 리
모진바람앞길을 가 려도 나는 가리 - 주의길을가 리
이 길 은 영광 의길 이 길 은 승리 의길
이 길 은 고난 의길 이 길 은 생명 의길
나를구원하신 주 님이 십자가지고가신 길
나 는 가 리 라 주의길을가리 라
주님발자취 따 라 나 는 가 리 라
나 는 가 리 라 주의길을가리 라
주님발자취 따 라 나 는 가 리 라

(신) 1669
(구) 1765

빛 되신 주

(Here I am to Worship)

Tim Hughes

111

E   Bsus4   F#m   E   Bsus4   E/A
빛 되신주 어둠 가 운데비추사 내 눈보게 하소 -서-
만 유의주 높임 을 받으소 - 서 영 광중에 계신 -주-

E   Bsus4   F#m   E   Bsus4   E/A
예 배하는 선한 마 음주시 -고 산 소망이 되시 -네-
겸 손하게 이땅 에 임하신-주 높 여찬양 하리 -라-

A   B7   E   B7   E/G#
나 주를경배 하 리 엎드려절 하 며 고백해주 나 의 하 나님

A   B7   E   B/D#   E/G#   A
- 오 사랑스런 주님 존귀한예 수 님 아름답고 놀 라 우신주 -
Fine

A   B   C#m   A   B/D#   E/G#
다 알수 -없네- 주의 -은혜- 내죄 -위한- 주십

1. A   2. A   B7   D.S. al Fine
- 자 가 -다 알수 -자 가 - 나 주를경배

메들리곡
• 나를 향한 주의 사랑 (23) • 예수님 그의 희생 기억할 때 (157)
• 주의 보좌로 나아 갈때에 (248)

112 빛이 없어도

(주 예수 나의 당신이여)

이인숙 & 김석균

빛이 없어도 환하게 다가오시는 주 예수 나의 - 당신이 여
나는 없어도 당신이 곁에계시면 나는 언 제나 - 있습니 다

음성이 없어도 똑똑히 들려주시는 주 예수 나의 - 당신이 여
나 - 는 있어도 당신이 곁에없으면 나는 언 제나 - 없습니 다

당 신이 있음으로 나도있 고 - 당신의 노래가머물으로

나는 부를수있어요 주 여 - 꽃처럼 향기나는 - 나의 생 활이아니어 도

나는 당 신 이좋을수 밖에없어요 주 예 수 나의당 신이 여

메들리곡 • 나의주 나의 하나님이여 (39) • 내 주 같은 분 없네 (69) • 주께 두 손 모아 (204)

(신) 1037
(구) 926
사람을 보며 세상을 볼땐
113
(만족함이 없었네)
최영택
사 람을 보며 세 상을 볼땐 만 족함 이 없 었 네
나 의하 나님 그 분을 뵐땐 나 는만 족하 였 네
저 기빛 나는 태양을 보라 또 저 기서 있는 산 을보아라
천 지지 으신 우 리여호와 나 를사랑하 시 니
나 의하 나님 한 분만 으로 나 는만 족하 겠 네
동 남 풍아 불 어라 서 북 풍아 불 어라
가 시밭 의백 합화 예 수향 기날 리니 할 렐루야아 - 멘
가 시밭 의백 합화 예 수향기날 리니 할 렐루 야아 - 멘
Copyright ⓒ 최영택, Administered by CAIOS, All rights Reserved, Used by permission.
메들리곡 · 나주의 믿음 갖고 (43) · 성령 받으라 (125) · 반드시 내가 너를 (104)

114 사랑은 언제나 오래 참고

(사랑)

(신) 1529
(구) 1137

정두영

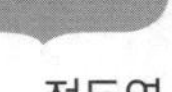

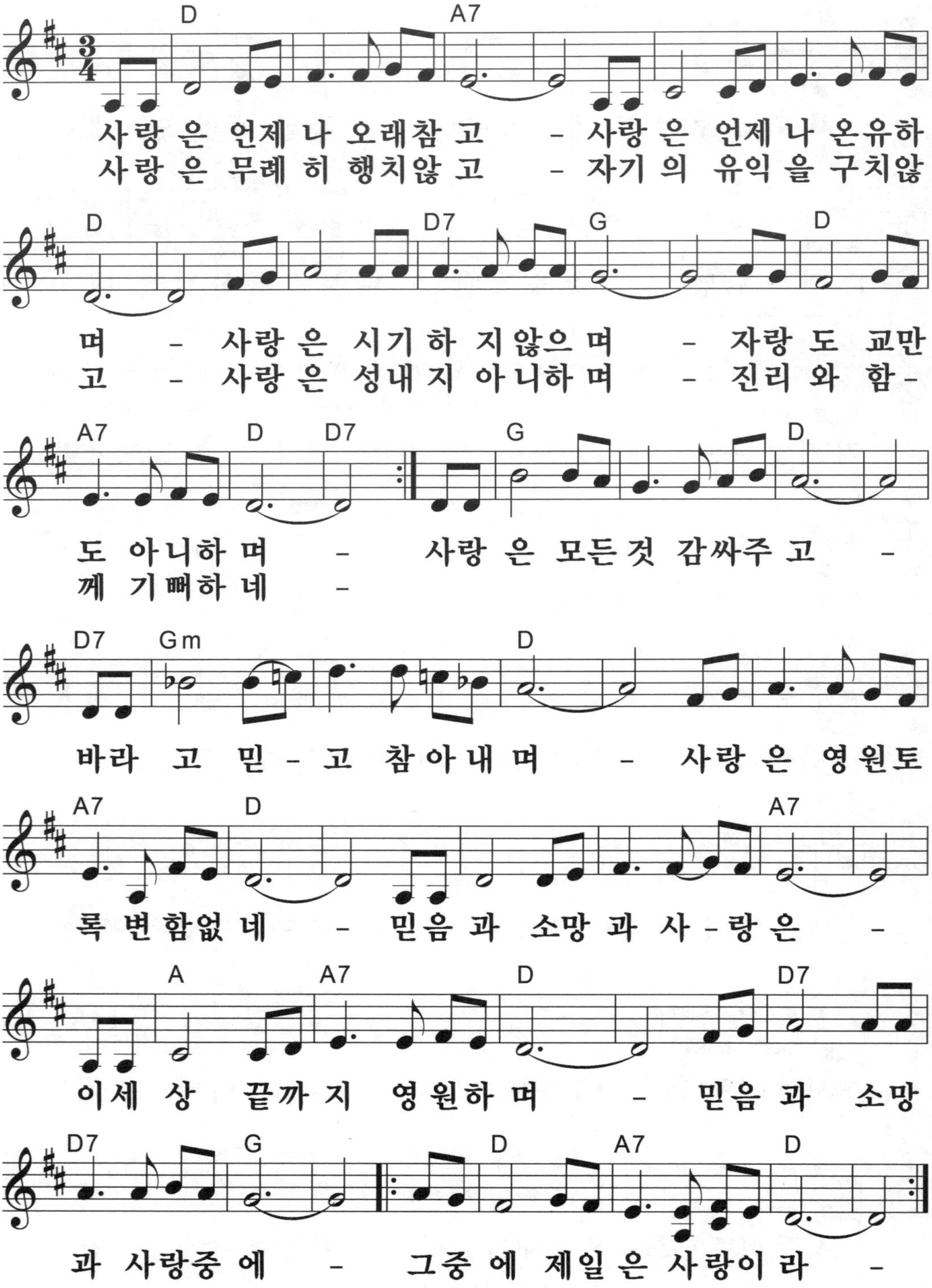

D A7
사랑 은 언제 나 오래참 고 - 사랑 은 언제 나 온유하
사랑 은 무례 히 행치않 고 - 자기 의 유익 을 구치않
D D7 G D
며 - 사랑 은 시기 하 지않으 며 - 자랑 도 교만
고 - 사랑 은 성내 지 아니하 며 - 진리 와 함-
A7 D D7 G D
도 아니하 며 - 사랑 은 모든것 감싸주 고 -
께 기뻐하 네 -
D7 Gm D
바라 고 믿 - 고 참아내 며 - 사랑 은 영원토
A7 D A7
록 변함없 네 - 믿음 과 소망 과 사 - 랑 은 -
A A7 D D7
이세 상 끝까 지 영원하 며 - 믿음 과 소망
D7 G D A7 D
과 사랑중 에 - 그중 에 제일 은 사랑이 라 -

메들리곡 • 감사해요 깨닫지 못했었는데 (5) • 감사해요 주님의 사랑 (6)

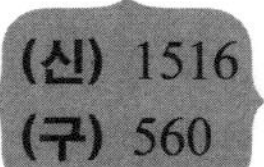

사랑하는 나의 아버지

(Blessed be the Lord God Almighty)

Robert D Fitts

(신) 1516
(구) 560
115

사랑하는 나의 아버지 - 이 름높여드립 니 다

주의 나라 찬양속에 임하시니 - 능력의 주께찬송하 네

전능하 - 신 하 나 님 찬 - 양 언제나동일하 신 주 - -

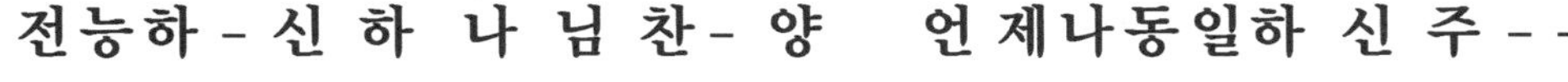

전 능하 - 신 하 나 님 찬 - 양 영 원 히다스리 네
Fine

나주의이름높 - 이 리 나주의이름높 - 이 리 - - -

하늘높이올린 깃 - 발 - 처럼 - - - 주의이름높 - 이 리전능하 - 신
D.S.

메들리곡　• 내 구주 예수님 (55)　• 내 안에 사는 이 (64)　• 예수 사랑해요 (162)

116 사랑합니다 나의 예수님

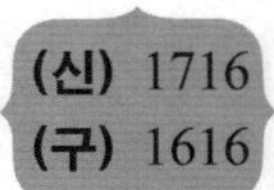
(신) 1716
(구) 1616

김성수 & 박재윤

G   Em7   Am7   D7
사랑합니 다   나의예수 님   사랑합니 다   아주많이 요

G   Em7   Am7   D7   G
사랑합니 다   나의예수 님   사랑합니 다   그것뿐예 요

G   D/F#   Em7   C   Am7   Dsus4   D7
사 랑한다아들 아   내 가너를잘 아노라 -

G   D/F#   Em7   C   Am   D   G
사 랑한다내딸 아   네 게축복더 하노라 -

메들리곡   • 내가주인삼은 (51)   • 십자가 그 사랑 (136)   • 아버지 사랑 내가 노래해 (140)

사랑해요 목소리 높여

(I love You Lord)

Laurie Klein

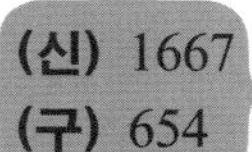

E   F#m7   E/G#   F#m/B   EM7
사 랑 해 요 - 목 소 리 높 여 -
E   A   E/G#   F#m   E/G#   Bsus4   B7
경 배 해 요 내 영 혼 기 뻐 -
E   F#m   E/G#   F#m/B   E9
오 나 의 왕 - 나 의 목 소 리 -
E/G#   A   E/G#   F#m7   B7   E   A/E   E
주 님 귀 에 곱 게 곱 게 울 - 리 길 -

메들리곡   • 나를 지으신 주님 (22)   • 내 주 같은 분 없네 (69)   • 두 손 들고 찬양합니다 (86)

118 삶의 작은 일에도

(소원)

한웅재

(구) 1777

F   C2/E   Dm   F/C   Bb2   F/A
삶의작 - 은일 - 에도 - 그맘을알 - 기원 - 하네 -   그길 - 그

Gm   Bb/C   F   C2/E   Dm   F/C
좁은길 - 로가 - 기원 - 해   나의작 - 음을 - 알고 - 그분의크 - 심을 - 알며

Bb2   F/A   Gm   Bb/C   F   BbM7   F/A   C
- 소망 -   그 깊은길 - 로가 - 기원 - 하네 -

Gm7   BbM7/C   C7   Dm   Am7
저 높이솟 - 은산 - 이되 - 기보 - 다   여기

Dm   C/A   Dm
오름직 - 한동 - 산이 - 되길 -   내 가는길 - 만비 - 추기 - 보다

Am7   Bb2   G   Bb/C   C7
- 는   누군 가 의길 - 을비 - 춰준 - 다면 -

F   C2/E   Dm   F/C   Bb2   F/A
내 가노 - 래하 - 듯이 - 또내가애 - 기하 - 듯이 -   살길 -   난

삶의 작은 일에도

Gm   Bb2/C   F   C2/E   Dm   F/C
그렇게 – 죽기 – 원하 – 네   삶의한 – 절이 – 라도 – 그분을닮 – 기원 – 하네
Bb2   F/A   Gm   Bb2/C   F
– 사랑 –   그   높은 길 – 로가 – 기원 – 하네 –
좁은 길 – 로가 – 길원 – 하네 –
깊은 길 – 로가 – 길원 – 하네 –

메들리곡 · 나의 모습 나의 소유 (33) · 세상을 구원하기 위해 (128) · 주님과 함께하는 (212)

119 사망의 그늘에 앉아

(그날)

고형원

(신) 1374
(구) 1598
사 망 의 그늘에앉 아 죽어 가는 나의백성 들
절망 과 굶주림 에 갇힌저들은 내마음의 - 오랜슬 픔
고 통의멍에에매 여 울고 있는 나의자녀 들
나는 이제일어나 - 저들의 멍에를꺾고 눈물씻기기 - 원하는 데
누가내게부르 - 짖 어 저들을구원케 - 할 까
누가나를위해 - 가 서 나의사랑을전 - 할 까
나는 이 제 보기원하 네 나의 자녀들 - 살아나는 - 그 날
기쁜 찬 송 소리하늘 에 웃음 소리온 - 땅가득한 - 그 날

메들리곡 • 우리 보좌 앞에 모였네 (184) • 이 땅의 황무함을 보소서 (193)

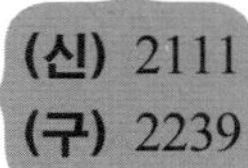

(신) 2111
(구) 2239

새 힘 얻으리
(Everlasting God)

120
Ken Riley & Brenton Brown

A   Asus4   A Asus4   A
새힘얻으리주 - 를바랄때 주 - 를바랄때우리주

1. Asus4   A   2. Asus4   A /C♯ D   A/C♯ D   E F♯m
-를바랄때   -를바랄때주 님 -   통 치 -하시- -

E   A/C♯ D   A/C♯ D   E F♯m   E
네   소 망 -   구 원 -주 시   - - -는 - -

A   A/C♯ D   D
당신은영 -원하신주 -   내영 -원하신주
약한자방 -패되시며 -   위로 -자되신주

F♯m   D   1.   2. D A
- 지치 -지않으 시 는 주님 - 시 네 -
- 독수 -리같은 힘 주

메들리곡   • 내 마음 다해 (56)   • 예수 열방의 소망 (164)   • 하늘 위에 주님밖에 (288)

121 생명 주께 있네

(My life is in You Lord)

Daniel Gardner

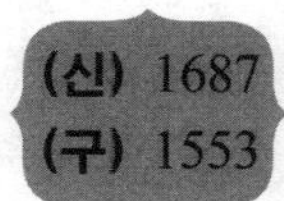

(신) 1687
(구) 1553

생 명 주께 있네 - 능 력 주께 있네 -
소 망 주께 있 네 - 주 안 - 에있 - 네 생
네 생명 다 해 - 주 찬 양 - 하 리
- 힘을 다 해 - 주 찬 양 - 하 리 - -
- 내생 명 - 다 해 내 힘을 - 다 해
모 든 소 망 주님 께 - - 생
안 - 에있 - 네 주 께 -

메들리곡 · 마지막 날에 (90) · 성령님이 임하시면 (124) · 오 이 기쁨 (171)

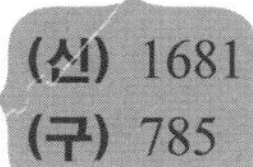

선포하라

(All heaven Declares)

Noel Richards & Tricia Richards

(신) 1681
(구) 785
122
A   D   Esus4   E   D/A   A
선 포 하 라   부활하신영 광 의주
선 포 하 라   부활하신영 광 의주

A   D   Esus4   E   D/A   A
아 름 다 운   영광의주 를 보라
하 나 님 과   화목하게 하 신주

A   A/C#   D9   D   E   E7   A   E/G#
보 좌에앉으 신   그 어린양예 수
찬 송과존귀 와   영광과능력 을

F#m   D9 D   E   E7   A
다무릎꿇고 서   주경배하리 라
영원영원토 록   받아주옵소 서

메들리곡
• 나는 찬양하리라 (21) • 주님 큰 영광 받으소서 (228)
• 주 여호와는 광대하시도다 (241)

123 선하신 목자

(Shepherd of my soul)

Martin Nystrom

선 하신 - 목자 - 날 사 랑하 - 는 분 -
주 인 도하 - 는 곳 - 따 라 가 - - 리
주 의말 - 씀을 - 나 듣 기위 - 하 - 여
주 인 도하 - 는곳 - 가 려 네 네 나를
푸 른초 - 장과 - 쉴 만 한물 - 가 로 -
내 선 하 신 - 목 자 - 날인 - 도해 -
험 한 산 과골 - 짜 기 - 로 - 내가 다 닐찌 - 라도 -
내 선 하 신 - 목 자 - 날인 - 도 해 -

메들리곡
- 신실하게 진실하게 (134)
- 오소서 진리의 성령님 (170)
- 주님 내가 여기 있사오니 (214)

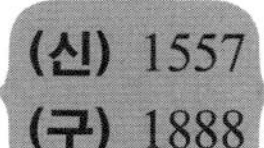

(신) 1557
(구) 1888
성령님이 임하시면
124
(성령의 불타는 교회 / Church on Fire)
Russell Fragar 
성령 님이임하시면능력 이나타 나 - 모 - 든것이일어날수
있게되죠 - 참 - 선한것이 선한 것이여기일어나 - 네 -
어두움 - 을 - 물리치는 빛이있 네 - 능 - 력힘입어 난두
렵지않네 - 참 - 선한것이 선한 것이여기일어나 - 네 -
성령의 불 타 는교 - 회 - 성령의 불 꽃임 - 하네 - 온마음
다 하여 - 서주이름 높이세 - 우 리의마 - 음불 - 타네 -
그 빛 을전 - 하 기 - 위해 - 사랑 의 불꽃 - 전하 - 세 -
주를위한 - 성령의불 - 타는교 - 회 - - 회 -
1. G   2. G
Copyright ⓒ 1997 Hillsong Music Publishing.
Administered by CopyCare Korea(copycarekorea@gmail.com). All rights reserved. Used by permission.
Authorised Korean translation approved by CopyCare Korea.
메들리곡   • 부흥 있으리라 (109)   • 주 예수의 이름 높이세 (244)

125 성령 받으라

(신) 1690
(구) 680

최원순

성령받으라 성령받으라 예수내게말씀하셔서 -
평안있으라 평안있으라 예수내게말씀하셔서 -
구원받으라 구원받으라 예수내게말씀하셔서 -
축복받으라 축복받으라 예수내게말씀하셔서 -

성령받으라 성령받으라 예수내게말씀하셔서
평안있으라 평안있으라 예수내게말씀하셔서
구원받으라 구원받으라 예수내게말씀하셔서
축복받으라 축복받으라 예수내게말씀하셔서

할렐루야 성령받았네 나는성 - 령받았네
할렐루야 평안해졌네 나는평 - 안해졌네
할렐루야 구원받았네 나는구 - 원받았네
할렐루야 축복받았네 나는축 - 복받았네

할렐루야 성령받았네 나는성 - 령받았네
할렐루야 평안해졌네 나는평 - 안해졌네
할렐루야 구원받았네 나는구 - 원받았네
할렐루야 축복받았네 나는축 - 복받았네

메들리곡 • 나 주의 믿음 갖고 (43) • 사람을 보며 (113) • 반드시 내가 너를 (104)

세상 모든 민족이

(물이 바다 덮음 같이)

고형원

세상 모든민족이 - 구원 을얻기까지 - 쉬지않으시는 - 하 나님 -
주의 심장가지고 - 우리 이제 일어나 - 주따르게 하소 서
세상 모든육체가 - 주의 영광보도록 - 우릴부르시는 - 하 나님 -
주의 손과발되어 - 세상 을치유하며 - 주섬기게 하소 서
물이바다덮음같이 - 여호 와의영광을 - 인정하는것이 온세상가득하리라
- 물이 바다덮음같이 물이 바다덮음같이 물이 바 다 덮음같이 -
보리 라 그날 에 주의 영 광 가득한- 세 상
우리 는 - 듣게되 리 온세 상가득한승리의- 함 성

D.S.

메들리곡 • 내 눈 주의 영광을 보네 (57) • 모든 민족에게 (97)

127 세상에서 방황할 때

(주여 이 죄인을)

(신) 1226
(구) 898
안철호

C   F   C   G7
세 상 에 서 방 황 할 때 나 - 주 님 을 몰 랐 네
많 은 사 람 찾 아 와 서 나 의 친 구 가 되 어 도
이 죄 인 의 애 통 함 을 예 수 께 서 들 으 셨 네
내 모 든 죄 무 거 운 짐 이 젠 모 두 다 벗 었 네

C   F   C   G7   C
내 맘 대 로 고 집 하 며 온 갖 죄 를 저 질 렀 네 오
병 든 몸 과 상 한 마 음 위 로 받 지 못 했 다 오 네
못 자 국 난 사 랑 의 손 나 를 어 루 만 지 셨 네
우 리 주 님 예 수 께 서 나 와 함 께 계 신 다 오

G   C   C7   F   3   G7
예 수 여 이 죄 인 도 용 서 받 을 수 있 - 나 요
예 수 여 이 죄 인 을 불 쌍 히 여 겨 주 - 소 서
내 주 여 이 죄 인 이 다 시 눈 물 흘 립 - 니 다
내 주 여 이 죄 인 이 무 한 감 사 드 립 - 니 다

C   F   C   G7   C
벌 레 만 도 못 한 내 가 몸 용 서 받 을 수 있 나 요
의 지 할 것 없 는 이 몸 위 로 받 기 원 합 니 다
오 내 주 여 나 이 제 는 아 무 걱 정 없 습 니 다
나 의 몸 과 영 혼 까 지 주 를 위 해 바 칩 니 다

메들리곡 · 괴로울 때 (11) · 내가 처음 주를 만났을 때 (27) · 심령이 가난한 자는 (135)

(신) 1686
(구) 2147
세상을 구원하기 위해
(밀알)
128
천관웅

F C Bb Dm Am Bb
세상을구 원하기위 - 해 흘려야-할피가필 -요하 - - 다-면 -
길잃어지 친양을찾 - 아 마음상 -해이리저 -리혜-매이-는 -

F C Bb Dm Am Bb Dm C
죄인을 대 신하기위 - 해 희생의-제물- 필요하시다 면
한영혼 찾 아아파하 - 는 예수님-마음- 내게주옵소 서

F Bb Dm C F Am Bb
내 생명- 제단위- 에드리리 주 영-광 위해 사용하-소
십 자가- 온 세상위- 한그희생 눈 물-로 그길 가게하-소

C F Am7 Bb
서 생 명이 또다른-생명- 낳고 주님볼-수있 - 다 면

Dm Am Bb Bb/C C F
나의삶- 과죽음도 아낌없 - 이드리리 죽어야-다시 - 사 는

Bb Dm Am Bb
주 의말-씀민 - 으며 한알의밀 -알되-어 썩어지-리니 -

Gm Dm Bb C F
예 수님 - 처 럼 살 아 가 - 게 하 소 서

메들리곡 ・나의 모습 나의 소유 (33) ・이 땅에 오직 (191) ・주님만 사랑하리 (218)

129 세상의 유혹 시험이

(주를 찬양)

최덕신

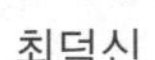

G2 G/B C D G C G/B
세 상의유혹시험이 – 내게 몰려올때 – 에 나 의힘으론그것들 –
거 짓과속임수로 – – 가득 찬세상에 – 서 어 디로갈지몰라 – –
주 위를둘러보면 – – 아 – 무도없는 – 듯 믿 음의눈을들면 – –

Am9 D G2 G/B C D G
모두 이길수없네 – 거 대한폭풍가운데 – 위축 된나의영혼 –
머뭇 거리고있네 – 공 중의권세잡은자 – 지금 도우리들을 –
보이 는분계시네 – 지 금도내안에서 – – 역사 하고계시는 –

C G/B Am9 Dsus4 D7
어 찌할바를몰라 – 헤매 이고 있 을때   –
실 패와절망으로 – 넘어 뜨리려하네   –
사 망과어둠의권세물리 치신 예수님   –

C/G G C D7 G C G/B Am9 Dsus4 D
주를 찬 양 손 을들고찬 – 양 전 쟁 은나에게속 – 한것아니니 –

C/G G C D7 G C G/B Am Dsus4 D7 G
주를 찬 양손 을들고찬 – 양전 쟁은하나님께 – 속한 – 것 이 니

메들리곡   • 나 약해 있을 때에도(25)   • 나의 가는 길 (26)   • 당신은 영광의 왕 (82)

세상 흔들리고

(오직 믿음으로)

고형원

F C/E Dm Dm/C Bb F/A Gm7 C7
세상흔들리고- 사람들은변하-여 도 나는주를섬-기 리
믿음흔들리고- 사람들주를떠-나 도 나는주를섬-기 리

F C/E Dm Dm/C Bb Gm7 C F
주님의사랑은- 영원히변하지-않 네 나는주를신뢰 해
주님의나라는- 영원히쇠하지-않 네 나는주를신뢰 해

F Bb Gm Csus4 C7
오 직 믿 음으로- 믿음으로내가 살 리 라

F Bb Gm C7 F
오 직 믿 음으로- 믿음으로내가 살 리 라- -

F Bb Gm Csus4 C7
오 직 의인 은- 믿음으로말미암아살 리 라

F Bb Gm C7 F
오 직 의인 은- 믿음으로말미암아살 리 라- -

메들리곡　• 삶의 작은 일에도 (118)　• 세상을 구원하기 위해 (128)
• 나의 모습 나의 소유 (33)

131
손에 있는 부귀보다
(금 보다도 귀하다)
(신) 1364
(구) 1082
김석균

G   D   Em D   G
손에 있 는 부귀 보 다 주를 더 사랑 하는 가
큰물 결 이 뛰놀아 도 주를 더 찬양 하는 가
언제 다 시 주오 실 지 아는 이 가있 는 - 가

G   D   Em D   G
이슬 같 은 목숨 보 다 주를 더 사랑 하는 가
큰환 난 이 닥쳐 와 도 주를 더 찬양 하는 가
신랑 으 로 오실 주 님 맞을 준 비되 었는 가

C   G   D7   G
사랑 의 빛 잃어 가 면 주님 만 날수 없 - - 어
깊은 잠 에 빠진 영 혼 주님 만 날수 없 - - 어
기름 없 는 등불 들 면 주님 만 날수 없 - - 어

C   G   A   D7
헛된 영 화 바라 보 면 사랑 할 수 도 없 - - 어
근심 걱 정 많은 자 는 찬양 할 수 도 없 - - 어
재림 나 팔 소리 나 면 예비 할 수 도 없 - - 어

G   Em   G   D7
잠시 머 물 이세 상 은 헛된 것 - 들뿐이 니

G   C   G   D7   G
주 를 사 랑 하는 마 음 금보 다 도귀 하 다
주 를 찬 양 하는 마 음 금보 다 도귀 하 다
주 를 맞 을 준비 함 이 금보 다 도귀 하 다

Copyright © 김석균. Administered by CAIOS, All rights Reserved, Used by permission.

메들리곡 ·기도할수 있는데 (17) ·낮엔 해처럼 (46) ·내 손을 주께 높이 듭니다 (63)

수 많은 무리들 줄지어

(예수 이름 높이세)

(신) 1218
(구) 745
132
최덕신

수 많은무리들 - -줄지어 - 그 분을보기위 -해따르네 -
나 의 -계획이 -실패하고 - 나 의 -소망이 -끊어질때 -

평 범한목수이신그 분 앞에 - 모든 무릎이 -꿇어경배 -하 - 네
삶 의주관자되신그 분 앞에 - 나의 무릎을 -꿇어경배 -하 - 네

모 든 문제들 -하나하나 - 죽 음 까지도 -힘을잃고 -
나의삶을그분 -께맡길때 - 비로소나의마 -음평안해 -

생 명의근원되신예 수이름앞 -에 모든 권세들 - 굴복 -하 - 네 -
구 원의반석되신예 수의이름 -을 소리 높여 - -찬송 -하 - 네 -

예수 이름높 -이세 능 력의그 -이름 예수 이름높 -이세

구 원의그 -이름 예수 이름을부 -르는 자 예수 이름을믿 -는자

- 예수 이름앞에 -나오는- 자 복이있 -도 다 - - -

메들리곡 · 나의 사랑 나의 생명 (35) · 내가 주인 삼은 (51) · 다 표현 못해도 (80)

133 승리는 내 것일세
(There is victory for me)

Harry Dixon Loes

G D7 G D
*승리 는 내 것일 세 승리는 내것일 세
G G7 C Am G D7 G
구세 주의 보혈 로써 승리는 내것일 세
D7 G B Em
내 것 일세 승리 만은
G7 C G G7 C Cm G D7 G
구세 주의 보혈 로써항 상 이 기 네

*
| 믿음
| 소망
| 사랑
| 구원
| 응답
| 축복

메들리곡　•기도하자 우리 마음 합하여 (15)　•부흥 있으리라 (109)
•주님 내 길 예비하시니 (215)

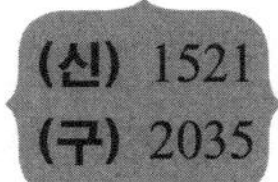

(신) 1521
(구) 2035

신실하게 진실하게
(Let me be faithful)

134

Stephen Hah

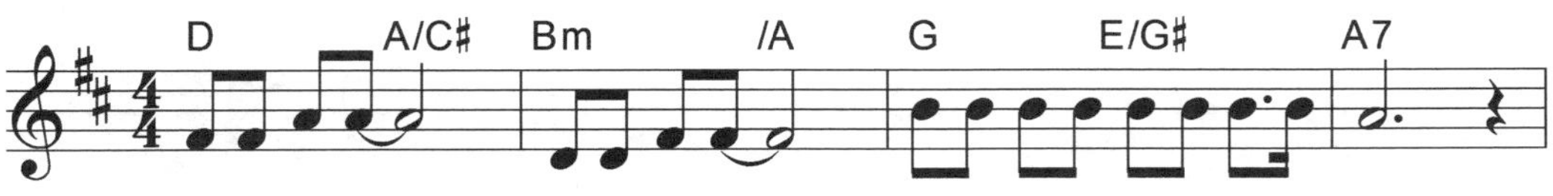

D   A/C#   Bm   /A   G   E/G#   A7
신실하게 -   진실하게 -   거룩하게살게하소 서

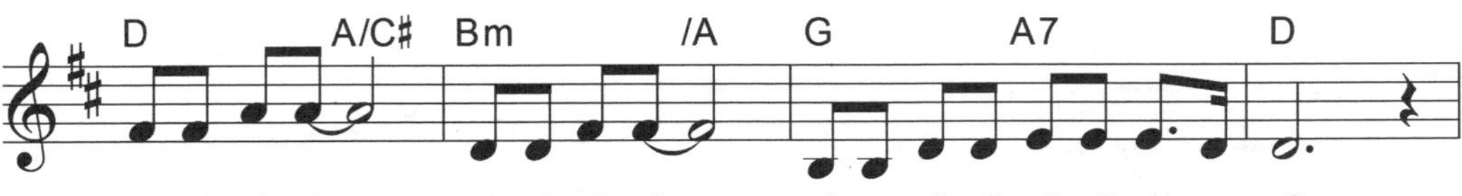

D   A/C#   Bm   /A   G   A7   D
신실하게 -   진실하게 -   거룩하게살게하 소 서

D   A/C# Bm   /A   G   E/G#   A7
하 나 님 - - - 나의 마음 - 만져 주소서 -
하 나 님 - - - 나의 기도 - 들어 주소서 -

D   A/C# Bm   /A   G   A7   D
하 나 님 - - - 나의 영혼 새롭게하소 서
하 나 님 - - - 주의 길로 인도 - 하소 서

메들리곡   • 감사해요 주님의 사랑 (6)   • 내게 있는 향유 옥합 (54)   • 목마른 사슴 (101)

135 심령이 가난한 자는

여명현

심령 이 – 가난한자 는 천국이 – 저희것이요
한 자복이있나 니 땅을기 업으로받겠 네
애통하 – 는자는복있 네 위로를 – 받을것이 요 온유
의에주 리고목마른자 는 저희배 – 부를것이
요 긍휼히 여기는자 는 긍휼히 여김받겠 네
마음이 청결한자 는 하나 님 을볼것이요
화평케 – 하는자 – 는 하나 님의아들이라일컫 네
의를위 하여핍박받는 자 천국이 – 저희것이 라
내게도 주소서 내가복 을받기원하 네
오 – 내 – 주 – – 여 주 소 – 서 아 – – – 멘

메들리곡 • 괴로울 때 주님의 (11) • 내 구주 예수님 (55) • 약한 나로 강하게 (144)

십자가 그 사랑

(The love of the cross)

136

Stephen Hah

십자가 그사랑 멀리떠-나서
지나간 일들을 기억하지않고

무너진 나의삶 속에 잊혀진주은 혜
이전에 행한모 든일 생각지않으 리

돌같은 내마음 어루만-지사
사막에 강물과 길을내시는주

다시일으켜세우신주를 사랑합니다
내안에새일행하실주만 바라보리라

주 너를보호하시고 널 붙드시리

너는보 - 배롭고존 귀한

주님의자녀라 주-의자녀라

메들리곡 • 나의 가는 길 (26) • 다 표현 못해도 (80) • 모든 영광을 하나님께 (96)

137 아름다웠던 지난 추억들

(신) 1470
(구) 1173

(친구의 고백)

권희석

아름다 웠던 - 지난추억 들 - 사랑했었던 -
지난유 월 절 - 저녁성찬 때 - 주님과함 께 -
새벽닭 울 때 - 난괴로 웠어 - 풍랑이일 면 -

많은친 구 들 - 멀고도 험한 - 고난의길 을 -
마시던 핏 잔 - 그일이 문득 - 생각이나 면 -
난무서 웠 어 - 하지만 이젠 - 두렵지않 아 -

나 이제 말 없 - 이 주님을위 하 - 여 떠나야 지
어느새 내 뺨 - 에 주르르눈 물만이 흐릅니 다
이세상 끝 까 - 지 주님을위 하 - 여 죽을텐 데

수 없 이 많 은 - 사람들 위해 - 당신이 바 친 -

고 귀 한 희 생 - 영원히 당신과 함께있 고 - 파

사 랑 의 십 자 가 를 맞 이 하 네

메들리곡 • 어느날 다가온 주님의 (146) • 오 나의 자비로운 주여 (167)
• 주님 내가 여기 있사오니 (214)

아바 아버지

138

김길용

아 바 아버 - 지 - 아 바 아버 - 지
나를 안 으시 - 고 바 라보 - 시는 아 바아버 - 지 -
아 바아버 - 지 - 아 바아버 - 지 나를 도우시 - 고 힘주시 - 는
아 버 지 주는 내 맘 - 을 고 치 - 시 고
볼수 없 는상 - 처만지 - 시 네 나를아 - 시고
나를 이 해하 - 시네 - 내영 혼새롭게세우 - 시 네

메들리곡 • 날마다 숨쉬는 순간마다 (45) • 내 갈급함 (53) • 두 손 들고 찬양합니다 (86)

139
아버지 당신의 마음이
(하나님 아버지의 마음)
박용주 & 설경욱
(신) 1021
(구) 1918

C G Am
아버지 당신의- 마음이 있는곳에- 나의 마음이- 있기를

G F G Em A
원해요- 아 버지 당신의눈물 이고인곳에- 나의

Dm Dm/C G/B F/G C
눈물이- 고이길 원해 요 아버지 당신이- 바라보는

G Am G
영혼에게- 나의 두눈이- 향하길 원해요- 아

F G Em Am F D7
버지 당신이울고 있는어두운땅에- 나의 두발이- 향하길원해

Gsus4 G C E Am Bb/C C7
요 나의 마 음이아버지 의마음알아- 내

F C Dm G C E
모든뜻- 아버지의 뜻 이 될수있기를- 나의 온 몸이아버지

Am C F Fm C
의 마음 알아- 내 모 든삶- 당신 의 삶 되 기를 -

메들리곡   • 많은 이들 말하고 (92) • 매일 스치는 사람들 (94) • 주님 다시 오실 때까지 (216)

아버지 사랑 내가 노래해

(그 사랑)

박희정

아버지사랑내가노래 해
상한갈대꺾지않으시 는
아버지은혜내가노래 해
꺼져가는등불끄지않 는

그사 랑 변함없으 신 거짓없으 신 성실하신그 – 사

랑 랑 사 랑 – 그사 랑 – 날위해

죽으신 – 날 – 위해 다 시사 신 – 예수그리스도 –

다시오실그사랑 – 죽음 도 – 생명도 천사도 – 하 늘의어떤

권세 도 – 끊을수없 는 – 영원한 – 그사랑 – 예 수

메들리곡 · 나 약해 있을 때에도 (25) · 나 주님의 기쁨되기 원하네 (42)
· 사랑합니다 나의 예수님 (116)

141 아주 먼 옛날

(당신을 향한 노래)

(신) 1199
(구) 1201

천태혁 & 진경

아주 먼 옛 - 날 - 하늘에서 - 는 -
당신을 향 - 한 - 계획 있었 - 죠 -
하나님께 - 서 - 바라보시 - 고 -
좋았더라 - 고 - 말씀하셨 - 네 - -
이 세 상 그 무엇 - 보 - 다 - 귀 하게 -
나의 손 으로 - 창 조 하였 - 노 - 라 - -
내가너로 - 인 하여 - 기 뻐 하 노라 -
내가 너 를사 - 랑 하 노 라 -

아주 먼 옛날

사 랑 해 요 - 축 복 해 요 -
당 신 의 마 음 에 우 리 의 - -
사 랑 을 드 려 요 -

메들리곡 ・너는 담장 너머로 뻗은 나무 (74) ・주 안에 우린 하나 (238) ・힘들고 지쳐 (300)

142 아침 안개 눈 앞 가리듯

(언제나 주님께 감사해)

(신) 1420
(구) 1617
김성은 사 & 이유정 곡

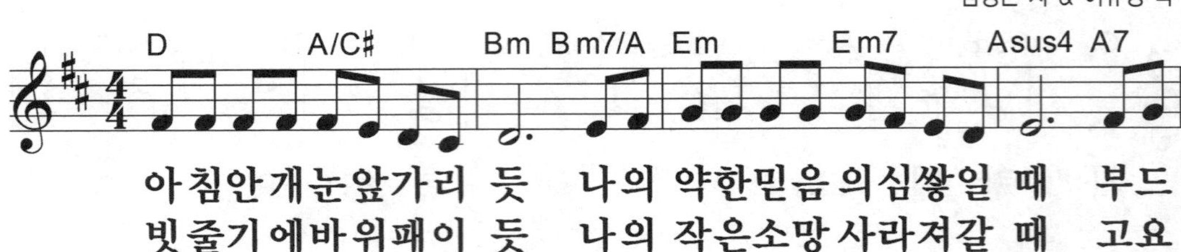

D   A/C#   Bm Bm7/A Em   Em7   Asus4 A7
아침안개눈앞가리 듯   나의 약한믿음의심쌓일 때   부드
빗줄기에바위패이 듯   나의 작은소망 사라져갈 때   고요

F#m   Bm   1. Em   E7   3   Asus4 A7
럽게다가온주의음 성   아무 것도염려하지마 라
하게들리는주의음 성   내가

2. Em A7   D   D7   G   A7   D   D7
너 를사랑하노 라   외로움과 방황속에 서

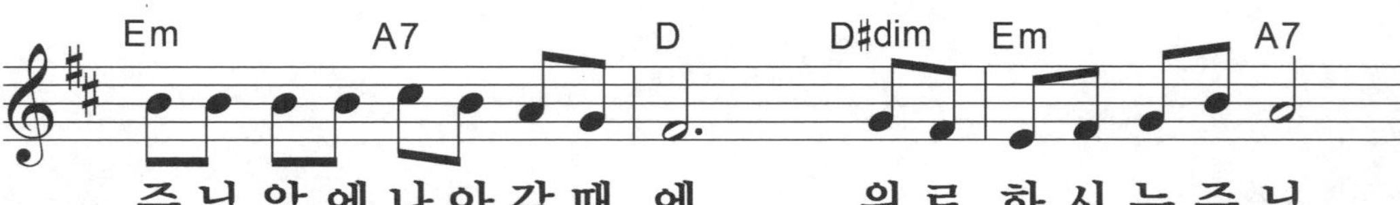

Em   A7   D   D#dim Em   A7
주님 앞에 나아갈때 에   위로 하시는주님

F#m   Bm   E7   E7   Asus4 A7
나를도우사   상한 나의마음감싸주시 네

D   F#m   G   Asus4 A7
십자가의보 혈로 써   주의 크신사랑알게하셨 네

D   F#m   Em   A7   D
주 님께감사하리 라   언제나 주님께감사 해

메들리곡 ·감사해요 주님의 사랑 (6) ·너 어디 가든지 (75) ·오 나의 자비로운주여 (167)

아침에 주의 인자하심을

(시편 92편)

이유정

143
(신) 1931
(구) 743
아침 에 주의인자 하 심 - 을 - 나 - 타 - 내시 - 며 -
밤마 다 주의성실 하 심 - 을 - 베풂이좋으나이 - 다 - 여 -
호 와께 감 사 하 - 며 - 주의이름을찬 양 여 -
호 와께 감 사 하 - 며 - 주의이름을찬 양
여 호 와 여 주의 행 사가 - 어찌 그리 크 신 지
요 주의 생각이 - 심히깊 으 시나이 다 - 아침
에 주의인자 하 심 을 나 - 타 - 내시 - 며 - 밤마
다 주의성실 하 심 - 을 - 베풂 이좋으나이 다 -

144
약한 나로 강하게
(What the Lord has done in me)
Reuben Morgan
(신) 1588
(구) 1726

약한 - 나 로 강하 게 가난 한 날 부하 게 눈먼 -
날 볼 수 있 게 주 내 게 행 하셨 네 - 호 -
산 나 호 - - 산 - 나 죽임 당 한 어린 양 호 -
산 나 호 - - 산 - 나 예수 - 다 시사 셨 네 호 -
네 - 내가 - 건 너 야할 강 거기서 내 죄 씻겼
네 이제 - 주 의 사랑 이 나를 향해 흐르 네
- 깊은 - 강 에 서주 가 나를일 으 키 셨도 다 구원의
노 래 부르 리 예수 자 유 주셨 네 -

Copyright © 1998 Hillsong Music Publishing
Administered by CopyCare Korea(copycarekorea@gmail.com), All rights reserved. Used by permission.
Authorised Korean translation approved by CopyCare Korea.

메들리곡   • 나의 만족과 유익을 위해 (30)   • 내 구주 예수님 (55)   • 주께 와 엎드려 (206)

약할 때 강함 되시네

(주 나의 모든 것 / You are my all in all)

Dennis Jernigan

145

약할때 강함되시 네 나의보배가되신 주주나의모든 것 - - - -
십자가 죄사하셨 네 주님의이름찬양 해주나의모든 것 - - - -

주안에있는보물 을 나는포기할수없 네 주나의모든 것
쓰러진나를세우 고 나의빈잔을채우 네 주나의모든 것

예 수 어 린 양 존 귀 한 이 름 - - - - 름

메들리곡 • 나 약해 있을 때에도 (25) • 다 표현 못해도 (80) • 아버지 사랑 내가 노래해 (140)

146
어느날 다가온 주님의
(고백)
김석균
어느날－다가온 주님의　이름을부를수　없었어요
뜨거운사랑을　느꼈지만　부를수－없었어요
어느날－다가온 주님의　모습을쳐다볼수　없었어요
따듯한사랑을　느꼈지만　바라보지못했어요
비우지못한　작은가슴　당신의사랑은　너무커요
부서지고　낮아져도　당신앞에 설수　없었어요
오늘도－찾아온 주님의　이름을불러봅니다
부를수록다정한　주님모습　가만히안아봅니다

메들리곡　• 너 어디 가든지 (75)　• 사랑은 언제나 오래 참고 (114)　• 오 나의 자비로운 (167)

어두운 밤에 캄캄한 밤에
(실로암)

신상근

(신) 1836
(구) 930
147

C   C7   F   C
어두 운 밤에 캄캄 한 밤에 새벽 을 찾
가 처음 만난 그 때는 차가 운 새

C   G   G7   C   C7   F
아 떠난 다 - 종이 울 리고 닭이 울 어도
벽 이었 소 - 당신 눈 속에 여명있 음을

C   G7   C F/C   1. C   2. C
내눈 에는 오직밤 이었 소 - 우리 -
나는 느낄 수 - 가 있었 소

C   C7   F   C
오주 여 당신 께 감사 하 리 라실로 암 내

D7   G   G7   C   C7
게 주심 을 - 나에게 영원 한 이꿈

F   C   G7   C F/C   C
속 에서 깨이 지 않게 하소 서 -

메들리곡 • 내가 산을 향하여 (49) • 복음 들고 산을 (108) • 주 예수 사랑 기쁨 (243)

148 어두워진 세상 길을

(에바다)

고상은

어두워진 세상길을 주님없이 걸어가다
아무것도 알수없고 아무것도 볼수없고
나의영혼 어두워졌 네 - 어느것이 길-인지
아무것도 들을수없 네 - 세상에서 방황하며
어느것이 진리인지 아무것도 알수없었 네 -
이리저리 헤매일때 사랑하는 주님만났 네 -
주님없이 살아가는 모 든 삶 실패와 좌절뿐이 네 -
어두웠던 나의눈이 열 리 고 막혔던 귀가열리 네 -
사랑하는 나의주님 내 영 혼 눈을뜨 게 하소 서
답답했던 나의마음 열 리 고 나의영 혼 살리 네
열려라 에 바 다 열려 라 - 눈을 뜨게하소 서 -
죄악으로 어두워진 나의영혼 을 나의눈을 뜨게 하소 서 -

메들리곡 · 감사함으로 그 문에 (3) · 나의 등 뒤에서 (8) · 내가 어둠 속에서 (50)

언제나 내 모습

(주님 내 안에)

149

임미정 & 이정림

언제나 - 내모습 - 너무나 - 부끄러워 -
무릎으 - 로주님께 - 기도로 - 가오니 -
나홀로 - 서 있는 - 죽은내영깨우 사
주님만 나 를 깨워 내 영 살게 하소서 -
주님 내안에- 주님 내안에- 내 안에 계 시고 -
주님 내안에- 주님 내안에- 나를 세워주소서 -

메들리곡 • 거룩하신 성령이여 (7) • 내 구주 예수님 (55) • 사랑하는 나의 아버지 (115)

150
여기에 모인 우리
(이 믿음 더욱 굳세라 / We will keep our faith)
(신) 2000
(구) 1739
Don Besig & Nancy Price
G C D G
여기 에 - 모인우 리 주의 은 총받은자여 라
주님 의 - 뜻하신 바 헤아 리 기어렵더라 도
여기 에 - 모인우 리 사랑 받 는주의자녀 라
G C G D7 G
주께 서 - 이자리 에 함께 계 심을아노 라
언제 나 - 주뜻안 에 내가 있 음을아노 라
주께 서 - 뜻하신 일 우릴 통 해펼치신 다
D7 G C A D
언제 나 - 주님만 을 찬양 하 며따라가리 니
사랑 과 - 말씀들 이 나를 더 욱새롭게하 니
고통 과 - 슬픔중 에 더욱 주 님의지하오 니
G C G D7 G
시험 을 - 당할때 도 함께 계 심을믿노 라
때로 는 - 넘어져 도 최후 승 리를믿노 라
외롬 을 - 이겨내 고 주님 더 욱찬양하 라
G C D G Am G Am
이 믿음 더 욱굳 세 라 주가 지 켜주신 다
D7 G Am G C G D7 G
어둔 밤 에도 주의 밝 은 빛 인도 하 여주 신 다
Copyright © Don Besig&Nancy Prince. All right reserved. Used by permission.
메들리곡 • 나의 가는 길 (26) • 하나님께서는 우리의 만남을 (278) • 감사해 (4)

(신) 1271
(구) 577
여호와 우리 주여
(시편 8편)
최덕신
151
여 호와 우리 주 - 여 - 주의 이름이 - 온 땅 - 에 - 어
찌 그리아름다 운지요 - 어 찌 그리아름다 운지요 -
여 호와 우리 주 - 여 - 주의 이름이 - 온 땅 - 에 - 어
찌 그리아름다 운지요 - 어 찌 그리아름다 운지요 -
Fine
주의손가락으로 지으 신 - 주 의하늘 과 -
주가베풀어주신 달과 별 - 내 가보오 니 -
사 람이 무엇 이관대 - 주께 서저를 - 생 각 하 시며 -
인 자가 무엇 이관대 - 저 를 권고 하시 나 이까 -
D.S.
Copyright ⓒ 최덕신, Adm, by KOMCA, All rights reserved, Used by permission.
메들리곡 • 괴로울 때 주님의 얼굴 (11) • 내 구주 예수님 (55) • 심령이 가난한 자는 (135)

152 여호와를 즐거이 불러

(감사함으로)

심종호

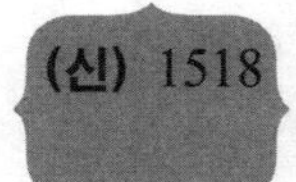
(신) 1518

여 -호와를 즐 거이불러- 기쁨으로주-께 나아가리---

여호와하나님난 주의백성- 기르 시 는 양이-라

여 -호와를 즐 거이불러- 기쁨으로주-께 나아가리---

여호와하나님난 주의백성- 기르 시 는 양이-라 감사함

-으로 주를높 -이며 그문 - 에-들어가서 - 찬송함

-으로 그이 -름-을- 송 축 할지-어다 감사함

주의선 -함과 인자하 -심이 영원 -하고 주의성

- 실하- 심이 - 대 대 에 미치리로 --다 - 감사함

메들리곡 • 내 마음을 가득 채운 (59) • 예수님 목 마릅니다 (159) • 주를 찬양해 (232)

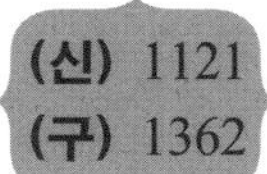

(신) 1121
(구) 1362

영광을 돌리세
(주님의 영광)

고형원

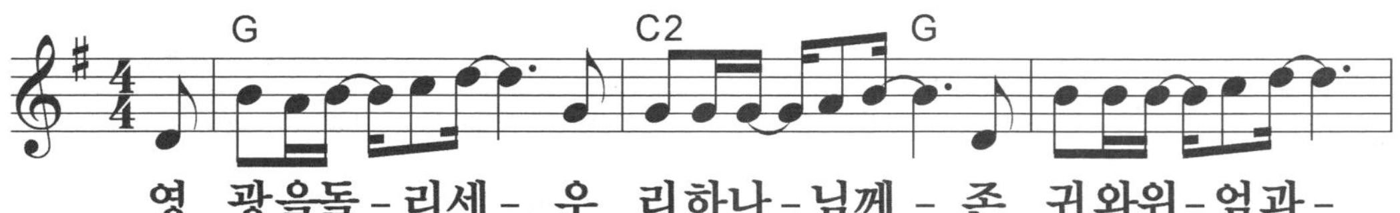

영 광을돌-리세- 우 리하나-님께- 존 귀와위-엄과-

능력 과아름다움 만- 방의모든신은 헛 된우상-이니-

오직 하늘의하나님 - 그 영광찬양해   - 주님의

영 광 모 든나라위에 - 주님의 영   광

온세계위에 - 하늘 에 계신 - 우리 아버지 영광찬양해 -

우리 주님나라영원하리라 -   우리 주님뜻은이뤄지리라 -

메들리곡 · 당신은 영광의 왕 (82) · 모든 영광을 하나님께 (96) · 하늘의 나는 새도 (290)

154 아버지 사랑합니다

(구) 1756

(Father, I Love You)

Scott Brenner

F   FM7   B♭   Gm   C   C7   F   C/E
아 버 지 –   사 랑 합 니 다 –   아 버 지 –   경 배 합 니 다 –
예 수 님 –   사 랑 합 니 다 –   예 수 님 –   경 배 합 니 다 –
성 령 님 –   사 랑 합 니 다 –   성 령 님 –   경 배 합 니 다 –

Dm7   /C   B♭   Gm   C7sus4 C7   F
아 버 지 –   채 워 주 소 서 – 당 신 의 –   사 랑 – 으 로 –
예 수 님 –   채 워 주 소 서 – 당 신 의 –   사 랑 – 으 로 –
성 령 님 –   채 워 주 소 서 – 당 신 의 –   사 랑 – 으 로 –

메들리곡 • 나의 모습 나의 소유 (33) • 마음이 상한 자를 (89) • 주님만 사랑하리 (218)

155 예수 가장 귀한 그 이름

(신) 1622
(구) 1072

(The sweetest name of all)

Tommy Coomes

E2   F#m7   B7   A/E   E   B/D#
예수 가장 귀한그 – 이름   예수 언제나 기도들 – 으사
예수 찬양 하기원 – 하네   예수 처음과 나중되 – 시는
예수 왕의 왕이되 – 신주   예수 당신의 끝없는 – 사랑

C#m7   F#m7   B7   E2
오 예수 나의손 잡아주시는 가장 귀한 귀한그 – 이 름
오 예수 날위해 고통당하신 가장 귀한 귀한그 – 이 름
오 예수 목소리 높여찬양해 가장 귀한 귀한그 – 이 름

메들리곡 • 나를 지으신 주님 (22) • 나의 마음을 (29) • 두 손 들고 찬양합니다 (86)

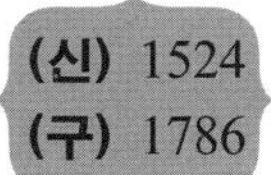

(신) 1524
(구) 1786

예수 나의 첫사랑 되시네

(Jesus, You alone)

Tim Hughes

예수 나의 첫사랑 되시 -네- 내 첫-사랑- 지
존 자 되 신 그 리 스 도 예 -수- 찬 양 -하 리 -
보 좌 앞 에 나 의 삶 이 향 기 로 운 제 사 로
주 께 드 려 지 기 원 하 네 - 오직주만 바
나의온전 한
-라 보-며 나의삶을 드 -리네-- 다른길은 찾
-열 정-과 나의찬양 되 -시네-- 주의길을 따
1.A/F# A/E D Esus4 2.A/F# A/E D D/E E7(A)
-지 않-으 리 - -라 가- 리 라 -

메들리곡 • 나의 반석이신 하나님 (32) • 온 세상 창조 주 (177) • 주 발 앞에 나 엎드려 (235)

157 예수님 그의 희생 기억할 때

(다시 한번 / Once Again)

Matt Redman

(구) 2245

E   B   A   E   A   E
예수 님 –   그 의희생기억할때   자기몸버 – 려 –
이제 는 –   저 높은곳에앉으신   하늘과땅 – 의 –

A   Bsus4   E   B/E   A/E   E
죽으신주 –   나항 상 –   생 명주신그은혜를마
왕되신주 –   나이 제 –   놀 라운구원의은혜 –

A   Bsus4 B   E   A   Bsus4   E
음에새겨 – 봅니다 –   마 음에새겨 – 봅니다 –
높여찬양 – 하리라 –   높여찬양 – 하리라 –

E/G#   Bsus4   E/G#   Bsus4   E/G#   A   E/G#   Bsus4
주달리신십자가를 내가볼때– 주 님의자비내마음을 겸손케해 –

C#m7   A   E/G#   B   A/C#   E   B
주께감 사하 며   내생명주께드리네 –

A   Bsus4   E/G#   C#m   A   Bsus4   1. E   2. E
감사드리리   주의십자가   나의친구되신 주   주

메들리곡 • 나를 향한 주의 사랑 (23) • 빛 되신 주 (111) • 주의 보좌로 나아 갈때에 (248)

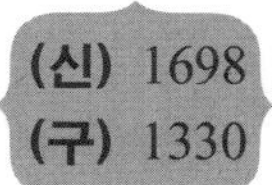

예수는 왕 예수는 주

(He is the King)

Tom Ewig, Don Moen & John Stocker

(신) 1698
(구) 1330
158

G   G/B   C   Am7
예 수 는 왕 – 예 수 는 주 – 예 수 는 날

G/B   Em7   F   C/D   D   G   G/B
– 구 원 하 신 주 – – – 예 수 는 왕 – 예 수 는 주

C   Am7   G/D   Em7   Am9   D   G   C/D   D
– 예 수 는 날 – 구 원 하 신 – 주 왕 께 만 세

G   G/B   C   Am7   G/B   Em7
– 주 께 만 세 – 날 구 원 하 신 주 님 께 만

F   C/D   D   G   G/B
세 – – – 왕 께 만 세 – 주 께 만 세

C   Am7   G/D   Em7   Am9   D   G   (C/D)
– 날 구 원 하 신 주 님 께 만 – 세

Fine

G   Am   Bm   Em   1. Am7   D   Bm7 Am D
강 하 고 능 하 신 왕 세 상 모 – 든 나 라 다 – 스 리 시 네
소 리 높 여 찬 양 해 그 는 만

2. Am7   Am/G   F M9   D sus4   D
D.S.
– – 유 의 주 – 그 는 만 왕 의 왕 예 수 는 왕

메들리곡　• 경배하리 주 하나님 (10)　• 당신은 영광의 왕 (82)　• 모든 민족에게 (97)

159 예수님 목 마릅니다

(성령의 불로 / Fire of The Holy Spirit)

Scott Brenner

(구) 1764

E   A/E   C#m   E/B

1. 예 수 님 목 - 마 - 릅 - 니 - 다 -   -   -
   주 님 을 사 - 모 - 합 - 니 - 다 -   -   -
2. 불 같 은 사 - 랑 - 드 립 - 니 다 -   -   -
   이 세 상 어 - 느 - 것 - 보 - 다 -   -   -

A   E/G#   F#m7   Bsus4 B

오 시 어 기 - 름 - 부 - 으 - 소 서   -
오 셔 서 채 - 워 - 주 - 소 - 서   -   -
나 의 간 구 - 를 - 들 - 으 - 소 서   -
주 님 을 의 - 지 - 합 - 니 - 다 -   -

E   B/D#   C#m   E/B

성 령 의 - 불 - 로 -   성 령 의 - 불 - 로 -
성 령 의 - 불 - 로 -   성 령 의 - 불 - 로 -

A   E/G#   A   Bsus4 B   E

임 - 하 - - 소 서 -   임 - 하 - - 소 서 -
기 름 부 - 으 소 서 -   기 름 부 - 으 소 서 -

메들리곡   • 두 손 들고 (86)   • 사랑해요 목소리 높여 (117)   • 전심으로 주 찬양 (197)

예수님이 좋은걸

160

이광무

E   C#m   F#   Bsus4   B7
예 수님이 좋 - 은 - 걸   어 떡합 - 니 까 -
E   F#m   B7   E   E7
예 수님이 좋 - 은 - 걸   어 떡합 - 니 - 까 -
A   E   G#m   C#m   F#7   Bsus4 B7
세 상에 어 떤것 과 바   꿀수 - 없 네 -
E   F#m   B7   E
예 수님이 좋 - 은 - 걸   어 떡합 - 니 - 까 -

메들리곡
- 주는 평화 (208) · 주를 향한 나의 사랑을 (233)
- 하나님은 너를 지키시는 자(208)

161 예수보다 더 좋은 친구

(나의 참 친구)

(신) 1093
(구) 936
김석균

예수- 보다- 더좋은친구없 네 예수- 보다-
예수- 사랑- 참좋은예수사 랑 예수- 사랑-
더좋 은 친구없 네 괴로울때- 다가 와서
참좋 은 예수사 랑 세상에서- 제일 가는
마 음에평화주 는 신실하신 나의참친 구
금 으로유혹해 도 예수님만 사랑하겠 네
외로울때 - 찾아 와서 친 구가되어주 는
세상에서 - 제일 높은 명 예를준다해 도
사 랑많은 나 의 참 친 구 -
예 수 님만 따 라 가 겠 네 -
주 예 수 사 랑하리 라 나 의생명
다할때까 지 주 예 수 사랑하리 라
나 의 생 명 다 할 때 까 지 -

메들리곡 ・ 오라 우리가 (169) ・ 주 다스리네 (299) ・ 주의 자비가 내려와 (256)

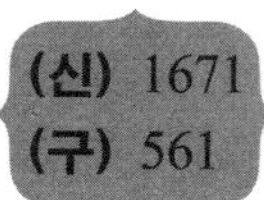

(신) 1671
(구) 561

예수 사랑해요

(Alleluia)

Jude Del Hierro

162

예 – 수 사 랑 해 요 나 주 앞 에 엎드려
경 – 배 와 찬 – 양 왕 께 드 리 네
알 – 렐 루 – 야 알 렐 루 – 야
알 – 렐 루 – 야 알 렐 – 루

메들리곡　•내 구주 예수님 (55)　•주께 와 엎드려 (206)　•주의 거룩하심 생각할 때 (246)

163 예수 우리 왕이여

(Jesus, we enthrone You)

Paul Kyle

예 수 - 우리 왕 이 여 -
이 곳 에 오 소 서 -
보 좌 로 - 주 여 임 하 사 -
찬 양 을 받 아 주 소 서 -
주 님 을 찬 양 하 오 니
주 님 을 경 - 배 하 오 니
왕 이 신 예 수 여 오 셔 서
좌 정 하 사 다 스 리 소 서 -

메들리곡 • 나의 안에 거하라 (36) • 내 모든 것 나의 생명까지 (60) • 주께 가까이 (203)

예수 열방의 소망
(Hope of the Nations)
164
Brian Doerksen

예수 열방의소-망- 예수 우리의위-로-자
예수 어둠속의-빛- 예수 변함없는-진-리

주는 - 온땅-의영-원한 소망 -
주는 - 온땅-의빛-이되 시네

- 우리 - 위해 죽으 - 시고 다시 - 사신

생명 - 의주 - - 주님만이 - 소망이요 -

변함없는 - 반석이라 - 주님만이 - 온세상을

- 비추 - 시네 - - 또죽음에서 - 부활하신

- 우리구주 - 평강의왕 - 주를믿는 - 모든자의

- 소망 - 되신 - 주를 - - 믿네 -

메들리곡 • 내 마음 다해 (56) • 새힘 얻으리 (120) • 하늘 위에 주님밖에 (288)

165 예수의 이름으로

(I will stand)

예수 의 이름으 로 나는일 어서리 라
주가 주 신능력 으로 - 나는일 어서리 라
원수가 날향해와도 쓰러지 지않으리
주가 주 신능력 으로 주가주 신능력 으로
주가 주 신능력 으로 일어서 리 -
G Em7 Am7 D7
G C Am7 D7
G G7 CM7 Cm6
G G7 C Am7 D7
G G7 C C/D G
Chris Bowater

메들리곡 · 나의 사랑 나의 생명 (35) · 보라 너희는 두려워 말고(105)
· 하나님께로 더 가까이 (277)

예수 하나님의 공의

(This kingdom)

166

Geoff Bullock

예 – 수 – 하나님의공의 –
예 – 수 – 하나님의사랑 –
주독생자 그의나라 임하시 –네– –
주은혜와 말씀으로 나타났 –네– –
예 – 수 – 제물이되신주 –
예 – 수 – 거룩한하나님 –
영광중에 그의나라 임하시 –네–
주의 나라 영원 하며 – 그의 영광 무궁 하리 –
왕의 위엄과 – 능력 –이– 이제 임하 였– 으니 –
주의 주권 과 – 주의 통치 와 – 주의 나라 힘 –과권세
임하네 – 예 – 수 하 나 님의– 공 의

메들리곡　· 나 무엇과도 주님을 (24)　· 모든 이름 위에 뛰어난 이름 (100)

167 오 나의 자비로운 주여

(영혼의 노래 / Spirit song)

John Wimber

오 나의 자 비로 운 주여 나의몸 과영 혼
모 여라 주 께찬 양하라 나의귀 한친 구

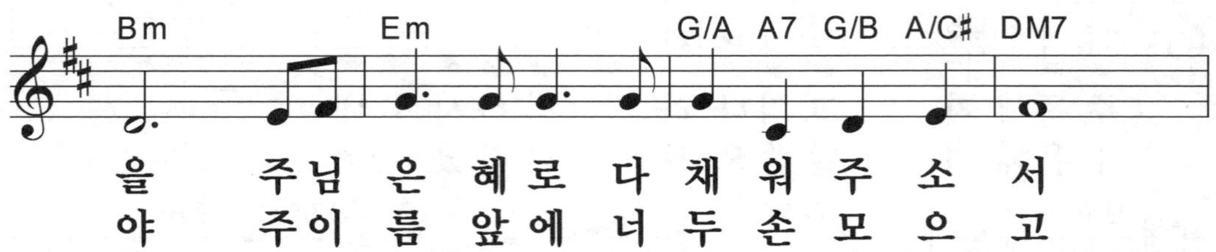

을 주님 은 혜로 다채 워 주 소 서
야 주이 름 앞에너 두손 모 으 고

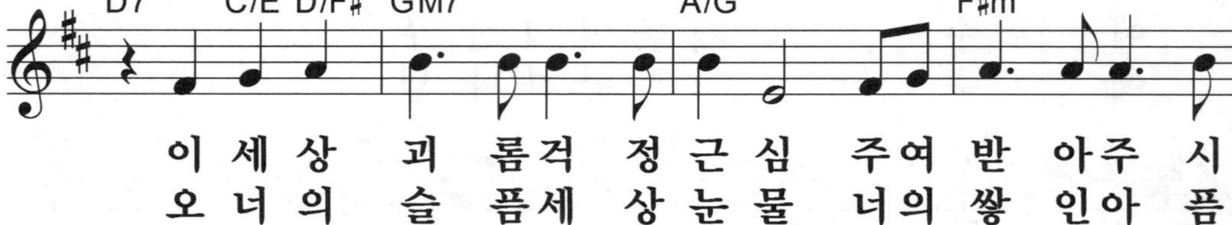

이 세상 괴 롬걱 정 근심 주여받 아주 시
오 너의 슬 픔세 상 눈물 너의쌓 인아 픔

고 험한 세 상에 서인 도하소 서 -
을 십자 가 앞에 너모 두버리 고 -

예 수 오 예 수 지 금오 셔서 -

예 수 오 예 수 채 워 주 소 서

메들리곡 · 나의 맘 받으소서 (31) · 너 어디 가든지 (75) · 오직 주의 사랑에 매여 (175)

오늘 집을 나서기 전

168

M.A. Kidder & W.O.Perkins

오 늘집을나서 기 전 기 도했 나 요
맘 에분이가득찰 때 기 도했 나 요
어 려운시험당할 때 기 도했 나 요
나 의일생다하 도 록 기 도하 리 라

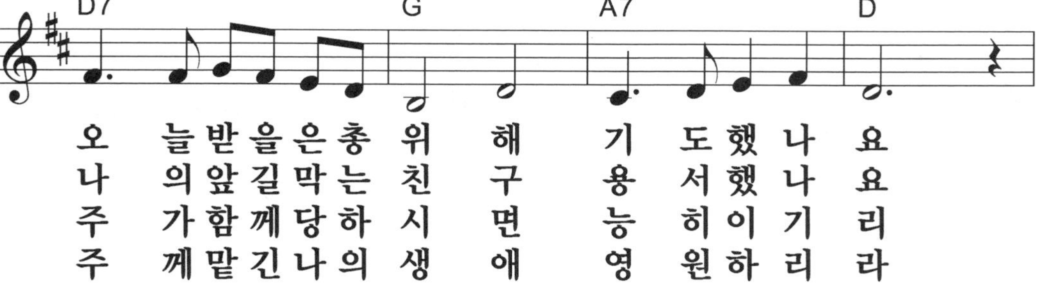
오 늘받을은총 위 해 기 도했 나 요
나 의앞길막는친 구 기 용 서했 나 요
주 가함께당하시 면 능 히이기 리
주 께맡긴나의생 애 영 원하 리 라

기 도는우리의 안 식 빛 으로인도하 리

앞 이캄캄할때기 도 잊 지마시 오

메들리곡   • 내가 그리스도와 함께 (47)   • 어느날 다가온 주님의 (146)
• 오직 주의 사랑에 매여 (175)

169 오라 우리가

(여호와의 산에 올라 / Come and let us go)

Bill Quigley & Mary Anne Quigley

(신) 1627
(구) 1586

오 라 우 리 가 - 여 호 와 의 - 산 에 올 라 -
하 나 님 의 전 에 이 르 자 -
전 에 이 르 자 - 주 님 의 도 를 배 우 고
- 주 님 의 길 로 행 하 리 -
이 는 율 법 이 시 온 에 서 나 오 고 -
주 의 말 씀 은 예 루 살 렘 에 서 -

메들리곡　•나는 믿음으로 (20)　•주 다스리네(299)　•주 자비 춤추게 하네(257)

오소서 진리의 성령님

(부흥 2000)

고형원

오소서 진리의 성령님 - 이 땅 흔들며 임 하소서 -
거짓과 탐욕 죄 악에 무너진 - 우리 가슴 정케 하소 서
오소서 은혜의 성령님 - 하늘 가르고 임 하소서 -
거룩한 불꽃 - 하늘 로서 임하사 - 타오 르게 하소서 주 영광 위 해
부흥의 불길 - 타오르게 하소서 - - 진리 의 말씀 - 이 땅 새롭게 하소 서
은혜의 강물 - 흐르게 하소서 - - 성령 의 바람 - 이 땅 가득 불어 와
흰 옷 입 - 은 주의 순결한 백성 주의 영광 위해 이제 일어 나
열방을 - 치유하 며 행진하는 영 광 의 그날을 주 - 소 서

메들리곡
- 나 무엇과도 주님을 (24)　• 모든 이름 위에 뛰어난 이름 (100)
- 주의 임재 앞에 잠잠해 (255)

171 오 이 기쁨 주님 주신 것

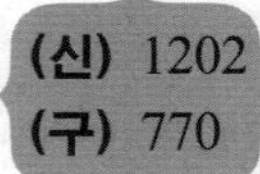

(신) 1202
(구) 770

G
D7
오 - 이 기쁨 - 주 님 - 주 신 것 -
앞 뒤 동 산 에 - 꽃 은 - 피 었 고 -
높 은 하 늘 에 - 종 달 새 우 짖 고 -
오 친 - 구 여 - 즐 겁 게 노 래 해 -
손 뼉 치 면 서 - 즐 겁 게 찬 양 해 -
D7
G
오 - 이 기쁨 - 주 님 - 주 신 것 -
내 - 맘 속 에 - 웃 음 꽃 피 었 네 -
내 - 맘 속 에 - 기 쁜 - 노 래 있 네 -
오 - 친 구 여 - 즐 겁 게 노 래 해 -
손 뼉 치 면 서 - 즐 겁 게 찬 양 해 -
G
G7
C
오 이 기쁨 - 주 님 주 신 것 - 주 께
G
Em7
G/D
D7
G
영 광 할 렐 루 - 야 - 주 만 찬 양 해 -

메들리곡 • 나 기뻐하리(19) • 다 와서 찬양해 (79) • 생명 주께 있네 (121)

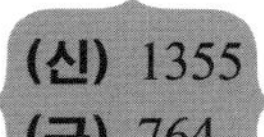

(신) 1355
(구) 764

오 주여 나의 마음이

172

(시편 57편 / My heart is steadfast)

오 주여 나의마 - 음 이 주께로 정 해졌 - 으 니
나 - 는 주 찬 양 하 리 라 -
깨어라 나의영 - 혼 아 비파와 수금들 - 어 라
이새 벽에 내가 - 찬 양 하 리 라 -
멜 - 로 디 - 멜 - 로 디 - 예수님 은
예 - - 수 - 예 - - 수 - 예수님 은
1. 나 의 노래 -
2. 나 의 노래 -

메들리곡
• 일어나라 주의 백성 (194) • 주 날 구원했으니 (207)
• 주님의 영광 나타나셨네 (25)

173 오직 예수 다른 이름은
(No other name)
Robert Gay
오 직 예 수 다른이름 은 없네 주 이름
만 우리에게 주셨 네 오 직 예 수 다른이 름
없 - - 네 오 영 - 광과 존귀 권 세 - 와 - 찬양 받
으 - 실분 오직주 예 수 오 직 예 수
온 땅 위에홀 - 로 높으신 - 이름 - 하 늘 위높이들 - 리셨
- 네 - 온 땅 위에홀 - 로 높으신 - 이름 -
영 광과 존귀와 찬양드리 세 오 직 예

메들리곡　　· 모든 이름 위에 뛰어난 이름 (100)　· 예수 하나님의 공의 (166)

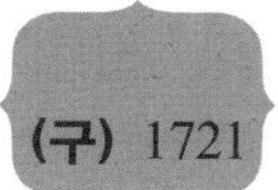

(구) 1721

오직 주님만
(Only You)

Andy Park

G   Gsus4   D   G   C/D
오직 - 주 님만 - 나 의맘의 -갈급 -함채 -우네 -

G   Gsus4   D   C   D   G
오직 - 주 께만 - 더 가까이 -가기를원 -하 네

D/F♯ Em7   C   D   G D/F♯ Em7   C   D
주님 만 내갈급함 -채우 -네 - 주만 내 게새생명 -주네 -

G D/F♯ Em7   C   D   G D/F♯ Em7   C   D7   G
주 만 기 쁨내맘에 -주시 -네 - 나의 기 도응답하 -시 네

메들리곡
• 나 약해 있을 때에도 (25) • 나 주님의 기쁨되기 원하네 (42)
• 사랑합니다 나의 예수님 (116)

175 오직 주의 사랑에 매여

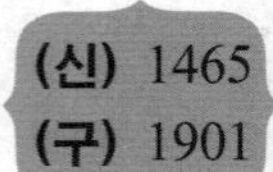

(신) 1465
(구) 1901

고형원

오직 주의 사랑에 매 여 내 영 기 뻐 노래합니 다
이소 망 의언덕 기 쁨의땅 – 에 – 서 주 께사랑드립니 다
오직 주 의임재안에갇 혀 내 영 기 뻐 찬양합니 다
이소 명 의언덕 거 룩한땅 – 에 – 서 주 께경배드립니 다
주께 서 주신모든 은 혜 나 – 는 말할수없 네
내영 혼즐거 – 이 주 따르렵 – 니다 – 주 께내삶드립니 다

메들리곡 • 내게 있는 향유 옥합 (54) • 신실하게 진실하게 (134) • 오 나의 자비로운 (167)

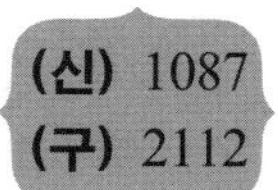

완전하신 나의 주

(예배합니다 / I Will Worship You)

Rose Lee

(신) 1087
(구) 2112
176
완전 - 하신 나 의 주 의 의 - 길 로 날 - 인
도 하소 - 서 - 행 하신 - 모 든 일 주 님 의 영 광 -
다 경 배 합 - 니 다 - 예 배 합 - 니 다 - 찬 양 합 - 니 다
- 주 님 만 - 날 다 스 리 소 서 - 예 배 합 - 니 다
- 찬 양 합 - 니 다 - 주 님 홀 - 로 높 임 받 으 소 서 -

메들리곡　• 거룩하신 하나님 (8)　• 나의 모습 나의 소유 (33)　• 아버지 사랑합니다 (154)

177 온 세상 창조주
(Winning All)

심형진

A
F#m7
온세 - 상   창조 - 주   온세 - 상   구원 - 자
하나 - 님   열방 - 을   우리 - 게   주셨 - 네
E sus4
D2
모든 - 것   이기 - 신   능력 - 의   하나 - 님
그명 - 령   따라 - 서   열방 - 을   취하 - 리
F#m
E
A2/C#
D2
모든 만 - 물 주 - 를 찬 - 양 해 -
F#m
E
A2/C#
D2
모든 민 - 족 주 - 께 경 - 배 해 -
A
F#m7
모 두 승 리 하 - 리 -   열 방 얻 게 되 - 리 -
찬 양 할 렐 루 - 야 -   찬 양 할 렐 루 - 야 -
D
E
하 나 님 - 께 서 - - 통 치 하 - 시 네 -
A
F#m7
모 두 승 리 하 - 리 -   열 방 얻 게 되 - 리 -
찬 양 할 렐 루 - 야 -   찬 양 할 렐 루 - 야 -
D
E
A
위 대 하 - 신 왕 - - 여 호 와 - -

메들리곡
- 예수 나의 첫사랑 되시네(156) • 주님 같은 반석은 없도다 (209)
- 주 발 앞에 나 엎드려 (235)

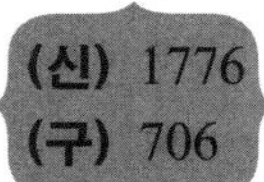

왕이신 나의 하나님

(Psalms 145)

Stephen Hah

178
왕 이 신 - 나 의 하 나 님 -
내 가 - 주 를 높 이 고 -
영 원 히 - 주 의 이 름 을 -
송 축 하 리 이 다 -

메들리곡　·거룩하신 하나님 (8)　·주를 찬양하며 (231)　·나의 모습 나의 소유 (33)

(구) 2170

179 완전한 사랑 보여주신

(예수 좋은 내 친구 / My Best Friend)

Joel Houston & Marty sampson

C   G   F   G   C   G
완전한사랑보여주신 -   구세주그분아나요   그아들우리에게주신 -
구원하신주나는믿네 -   부활하신주나믿네   다시오실왕나는믿네 -

F   G Am7   G
하나님그분아나요   그사랑알 - 기에 -   그아들나 - 는믿 - 네
그분과영원히살리   그사랑알 - 기에 -   그아들나 - 는믿 - 네

F   C   G
날 이 끄 소 - 서   예 수 좋은내 - 친구 -   내곁에계시네

Am   F   C
- 영 원 히 변 - 치않 - 네 - 예 수 좋은 내 - 친구

G   Am   F   C
- 내 곁 에 계 시 네 -   영 원 히 변 - 치않 - 네 - -

C   Am   G   F
영 원 히 변 - 치않 - 네   영 원 히 변 - 치않 - 네 -

C   Am   G   F   C
- 영 원 히 변 - 치않 - 네   영 원 히 변 - 치않 - 네 - -

왜 나만 겪는 고난이냐고

180

(주님 손 잡고 일어서세요)

김석균

C   G/B   Am   Am/G   F   Dm   Gsus4   G7
왜   나만겪는 고난이냐고   불 평 하지마세 요
왜   이런슬픔 찾아왔는 지   원 망 하지마세 요

C   C7   F   Fm6   C   G7   C
고난의 뒤 편에 있는 주님이주실축 복 미리 보 면서감사하세 요
당신이 잃 은것 보다 주님께받은은 혜 더욱 많 음에감사하세 요

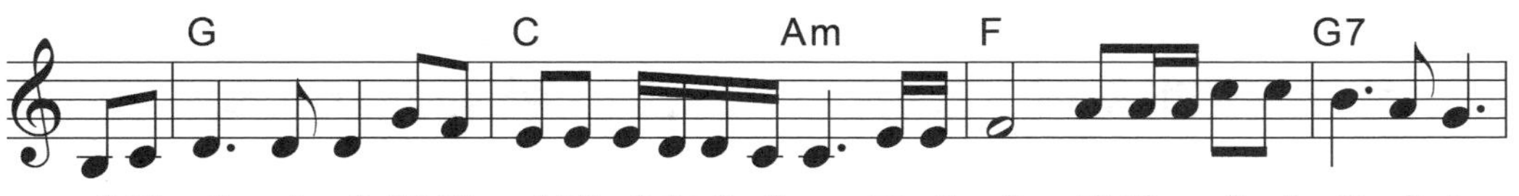

G   C   Am   F   G7
너무 견 디 기 힘든 지금이순간에도 주님 이   일하고계시 잖아요

C   C7   F   C   G7   C
남들은   지쳐 앉아 있을지라도 당신 만 은 일어서세 요

G7   C   E7   F   D7   G   G7
힘을 내 세요 힘을 내   세요 주님이손 잡고계시잖아 요

C   C7   F   C   G7   C
주님 이 나와함께함을 믿 는다면 어떤 역경도 이길수있잖아 요
주님 이 나와함께함을 믿 는다면 어떤 고난도 견딜수있잖아 요

메들리곡
- 괴로울 때 주님의 얼굴 보라 (11) - 내가 처음 주를 만났을 때 (52)
- 비바람이 갈 길을 막아도 (110)

181 왜 슬퍼하느냐

(왜)

최택헌

(구) 2023

왜 슬퍼하느 냐 왜 걱정하느 냐
무 얼 두려워하느 냐 아무 염려- 말아 라
큰 어려움에 도 큰 아픔있어 도
이 젠 아무걱정하지 마 내 가 널붙들어주 리
내가 너와 항상 함께 하리-라 내가 너를 지키 리 라
실망치말고- 나를 보 아 라 나는 너의하나님 이 라

메들리곡 • 감사해 시험이 닥쳐올 때에 (4) • 기도할 수 있는데 (17) • 보혈을 지나 (106)

(신) 1872
(구) 698
우리는 주의 백성이오니
182
(We are Your people)
David Fellingham
F   Gm7   C7   FM7
우 리 는 주 의 백성이 - 오니 -
F   Gm7   C7   FM7
주 의 그 큰 이름 선포합 - 니다 -
F7   Bb2 Bb Gm Gdim F F/E
이곳어두운 세 상에 빛으로부르셨 네
Dm Dm7 Gm7 C7 F Bb/F
주의얼굴 구 할때 역사하소 서
F Am7 Dm7 Bb Bbm6 F
교 회 를 세 우 시 고 - 이 땅
Gm Dm Gm G7 Csus4 C7 F Am7
고 쳐 주 소 서 - 주 님 나 라
Dm9 Bb Bm6 F Gm C7 F
임 - 하 시 고 주 뜻 이 뤄 지 이 다

메들리곡   • 거룩하신 하나님 (8)   • 마음이 상한 자를 (89)   • 완전하신 나의 주 (176)

183 우리 모일 때

(As we gather)

Mike Faye & Tommy Coomes

D　F#m7　G　A7
우 리 모 일 때 – 주　성 령 임 – 하 리
D　F#m7　G　A7
우 리 모 일 때 – 주　이 름 높 이 리
GM7　A　D　A/C#　Bm7
우 리 마 음 모 – 아　주 를 경 배 할 때
G　A7　D　Bm7　Em7　A7　D
주님축복하 – 시 리 – –　주님축복하 – 시 리

메들리곡　• 너는 그리스도의 향기라 (72)　• 당신은 사랑받기 위해 (81)
• 평안을 너에게 주노라 (276)

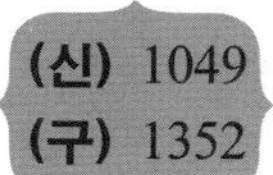

(신) 1049
(구) 1352

우리 보좌 앞에 모였네

(비전 / Vision)
고형원

A   A M7   D   E   A
우리 보 좌앞에 모 였네   함께주를찬양-하 며

D   E   C#m   F#m   D   Bm   E
하 나님의사랑그 아들주셨네 그의피로우린   구원받았   네

A   A M7   D   E   A
십 자 가 에서쏟으신그 사 랑   강같이온땅에- 흘 러

D   E   C#m   F#m   D   Bm   Esus4 E
각 나라와족속 백 성방언에서 구 원 받고주   경배드리   네

A   F#m7   D2   Bm   E
구 원하심이 - 보 좌에앉으신 우 리하나님과 어 린양께있도다

A2   F#m7   D2   Bm   E   A
구 원하심이 - 보 좌에앉으신 우 리하나님과어 린양께있도 다

메들리곡 • 나의 영혼이 잠잠히 (37) • 내 마음에 주를 향한 (58) • 모든 능력과 모든 권세 (95)

185 우리 함께 기도해

(신) 1306
(구) 1642
고형원

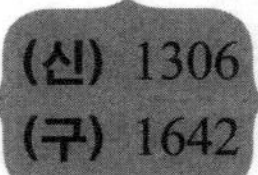

E2 C#m7 A2
우 리 함께기도 해 주앞에나 - 와 -

B7 E2 C#m7 A2
무릎꿇고 - 긍 휼 베푸시는 주 하늘을향 - 해 -

B7 C#m7 G#m7
두손들고 - 하늘문 - 이열 리고 - 은 혜의빗 줄기 - 이

A B7 E B/D# C#m7
땅 가득내리 도 록 마 침내 - 주오셔서 - 의

G#m7 A B7 E2
의 빗 줄기 - 우 리 위에부으시도 록

메들리곡 • 나의 마음을 (29) • 두 손 들고 찬양합니다 (86) • 아바 아버지 (138)

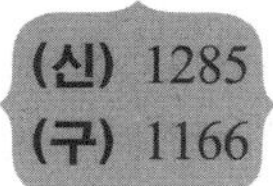

우리 함께 기뻐해

(Let us rejoice and be glad)

186

(신) 1285
(구) 1166
Gary Hansen

E   A   Bsus4-3   E   A
우리함께 - 기뻐 - 해   주께영광 - 돌리 -

Bm E7   A   B/A   G#7   C#m
세   어린 양의 혼 - 인 잔 - - 치와 - 신부

F#m   B7   E   A/B   E   E/G#
가 준비 - 되었 네 - -   할 렐 루 야 전 능

A   A/C#   E   E/G#   B   E   E/G#
하신 주 - 가 다 스 리 네   할 렐 루 야 전 능

A   Am6   E/B   B7   1. E A/C# B/D#   2. E
하신 주 - 가 다 스 리 - 네   네

메들리곡 • 기뻐하며 승리의 노래 (16) • 나의 등 뒤에서 (28) • 존귀 오 존귀하신 주 (199)

187 우리 함께 모여

(We're togather again)

Gordon Jensen & Wayne Hilton

(신) 1392
(구) 774
D7   G   G7   C   E7/B
우리함께모여 - 주의이름 찬 양
Am7   Dsus4   D7   G   Em   Am7
우 리함께모여 - 주를부르 세 - - - - -
C/D D7 G2   G   C/D D7 G   C
위 대 한 일행하 셨 네 우 리 소 망충만 해 -
C   A/C#   Am7/D   D7   3   G
우 리함 께모 여 - 주의이 름 찬 양

메들리곡 • 그리 아니하실지라도(14) • 다 와서 찬양해(79) • 일어나라 주의 백성 (194)

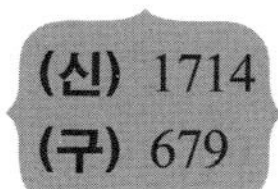

(신) 1714
(구) 679

위대하고 강하신 주님

(Great and Mighty is the Lord our God)

188

Mariene Bigley

E2
A/E E B7
위대 하 - 고강하 신 주님 - 우리 주하 나 님

F#m C#aug7 F#m Bsus4 B7 E A/E
위대 하 - 고강하 신 주님 - 우리 주하 나 님

E2 E7 A
깃발 을높이들고 흔 들며 - 왕 께 찬 양 해

A2 E C#m F#m7 B7 E E7
위대 하-고강하 신 주님 - 우리 주하 나 님 - - - - -

A2 E E/B A/B B7 E
위대 하-고강하 신 주님 - 우리 주하 나 님

메들리곡 • 기뻐하며 승리의 (16) • 우리 함께 기뻐해 (186) • 존귀 오 존귀하신 주 (199)

189 은혜로만 들어가네

(Only By Grace)

(신) 1554　(구) 1532

Gerrit Gustafson

은혜로만 - 들어가 - 네 - 은혜로만 - 선다네 -
우리의노 - 력이아 - 닌 - 어린양의 - 보혈로 -
그분의임 - 재가운 - 데 오 라 - 하시네 -
우리를부 - 르신그 - 곳 - 은 혜로들어 - 가 네 -
주님의그 - 은 혜 - 범 죄한우 - 리가어
-찌 서 리 요 어린양의 - 보혈이 - 깨끗케 - 하시네
- 주님의그 - 은 혜 -
주님의 - 그은 혜 - 주님의그 - 은 혜 -

메들리곡　• 내 안에 사는 이 (64)　• 주 품에 품으소서 (259)　• 하늘보다 높으신 주 사랑 (289)

유월절 어린양의 피로
(Under the blood)

Martin Nystrom & Rhonda Scelsi

(신) 1585
(구) 1896
190

유월 절어린양 - 의피 로 나의 삶의문이 - 열렸 네 -
저 어둠의권 - 세는 힘이없네 주 보혈의능 - 력으로 - -
원 수가날정죄할 때 - 도 난 의롭게설수있 네 -
난 더이상정죄함 없 - 네 난 주보혈아 - 래있네 -
난 주보혈아 - 래있네 - 그 피로내죄 - 사했 - 네 -
하 나 님의긍휼 날 거룩케하시었 네 -
난 주보혈아 - 래있네 - 난 원수의어 - 떠한 공격에도
더 이상넘 어 지지않네 난 주보혈아 - 래있네 - -

메들리곡 · 모든 능력과 모든 권세 (95) · 보혈 세상의 모든 (109) · 하나님 어린 양 (279)

191 이 땅에 오직 주 밖에 없네

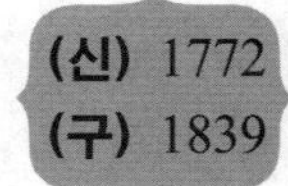

(신) 1772
(구) 1839

정종원

이땅에 - 오직- 주밖에 - 없네- 그무엇도
- 나를- 채울수 - 없네-주님의 - 평안- 내안에
- 있네- 그누구도 - 빼앗을수없 네 - 이땅에 -
세상은변 - 해가 - 고 소망은힘 - 을잃 - 어도 - 변
폭풍이몰 - 려와 - 도 두려움물 - 러가 - - 네 우
이세상어 - 디에 - 서 평안을찾을수있 - - 나 - 목
우리가바 - 라왔 - 고 꿈꾸어왔 - 던미 - 래가 - 그
함없이 - 붙드 - 시는 - 그 구원의 - 손길 -
릴위해 - 싸우 - 시는 - 그
숨까지 - 내어 - 주신 - 그 깊은사 - 랑을 -
한없는 - 사랑 - 안에 - 서
손을의지해 - 열리고있네 - 이땅에

이 땅에 오직 주 밖에 없네

오 직 - 주밖에 - 없 네 - 그무엇도
나를 - 채울수 - 없네 - 주님의 - 평안 - 내안에
있네 - 그누구도 - 빼앗을수없네 -

메들리곡　· 나의 모습 나의 소유 (33)　· 마음이 상한 자를 (89)　· 완전하신 나의 주 (176)

192 이 땅 위에 오신
(Hail to the King)

(구) 1686

Larry Hampton

이 땅 위에 - 오신 - 하 나 님의 - 본체 -
우리 고대 - 하네 - 주님 오실 - 그날 -
십 자가 - 에달 - 리사 우리죄 사하 - 셨네 -
다 시 사신 - 왕의 - 영광 이땅 을비 - 추네 -
하 나 님이 - 그를 - 지 극히 - 높여 -
사 단 의권 - 세는 - 주앞 에무 - 너져 -
모 든 이름 - 위에 - 뛰어 - 난 이름을 - 주사 -
생 명 과진 - 리의 - 주권 - 세 가 장높 - 도다 -
우리 예수 이 름 앞 에절 하 고
모 든 입 이 주 를 시 인 - 해
영 광 중에 오 실주를 보 리 라

이 땅 위에 오신

C   Dsus4   D   G   Bm G/B C   G/B
선 포 - 해 - 왕 께 만 세 - 존
Am7   G   Dsus4   D   Em7   D   C G/B
귀 와 위 엄 - 을 찬 양 해 왕 의 왕 께 만
Am7   G   C   D   C/G   G
세 주 - 예 - 수 하 나 님 -

메들리곡 • 내 눈 주의 영광을 보네 (57) • 모든 민족에게 (97) • 세상 모든 민족이 (126)

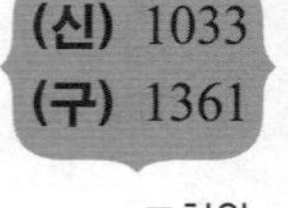

(신) 1033
(구) 1361

193 이 땅의 황무함을 보소서

(부흥)

고형원

A   E/G#   F#m   /E   D   E   E7
이땅의황무함을 보소서 - 하늘의 하나님 - 긍휼을 베푸시는주여

AM7   E/G#   F#m   /E   Bm/D   G/D   E   E7
우 리의죄악용서 하소서 -   이 땅 고쳐주소 서

A   E/G#   F#m   /E   D   E   E7
이 제우리모두하 나되어- 이땅의 무너진- 기초를 다시쌓을때

AM7   E/G#   F#m   Bm/D   G/D   Esus4
우 리의우상들을 태우실 -   성령의불 - 임하소 서

A2   F#m   Bm   Esus4   E
부흥의불길 - 타오르게 하소서 - 진리의말씀 - 이땅새롭게 하소서 -

A2   F#   Bm   Esus4
은혜의강물 - 흐르게 하소서 - 성령의바람 - 이제불어   와

AM7   C#m/G#   F#m   /E   D   Bm   E
오 - 주 의영 - 광 가 득한   새 날주소 서

AM7   C#m/G#   F#m   /E   Bm   E7   A
오 - 주 님나 - 라 이 땅에   임 하 소 서

메들리곡 ・ 내 마음에 주를 향한 사랑이 (58) ・ 모든이들 필요해 (99)

(신) 1602
(구) 1698
일어나라 주의 백성
194
이 천
G   C   G   D
일어나라주 -의백성 - 빛을발 -하라 -
G   C   G   D   G   C/D
주가너의 영 -광으로- 임하시 리라 -
Em   Am   C   G
온세상이 어 -둠속에헤 - 매고 -있지만 -
Em   Am   C   D7
주가너와 함 -께계셔회 - 복을명하리라 -
G   C   G   D   G   C
일 어 나 라 -   빛을 발 하라 -
D   G   C   Em   C
만백성이 - 너의빛 -을보 -고- 사방에서나아오네
D   G   C   G   D   G   C
- 일 어 나라 -   빛을 발 하라 -
D   G   C   Em   C   D   G
만백성이 - 자유함 -을얻 -어- 기 뻐 하는도다 -
Copyright © 2002 이천. Adm, by KOMCA, All right reserved, Used by permission.
메들리곡   • 나 기뻐하리 (19)   • 다 와서 찬양해 (79)   • 성령님이 임하시면 (124)

195 저 죽어가는 내 형제에게

(메마른 뼈들에 생기를)

고형원

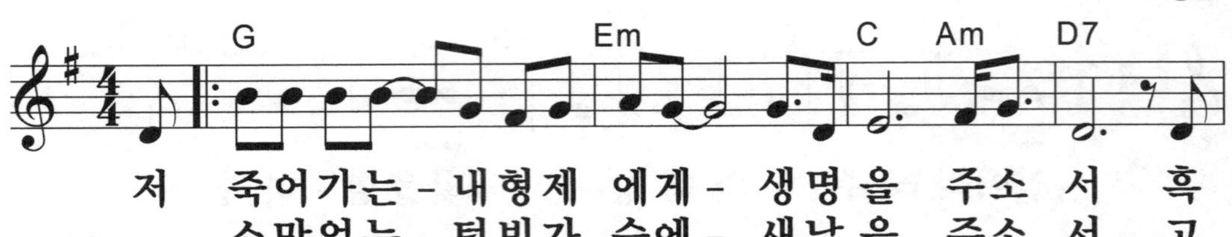
(신) 1993
(구) 1635
G   Em   C Am D7
저 죽어가는 - 내형제 에게 - 생명을 주소 서 흑
소망없는 - 텅빈가 슴에 - 새날을 주소 서 고

1. G   Em   C   Am   D7
암의권세 - 에매여 -   내일 을빼앗긴 - 저들에 게 저

2. G   Em   C   Am   Dsus4
통의멍에 - 에매여 -   신음 하고있는 - 저들에

D7   G   Em   C Am   D7
- 아버지 여 이백 성 다 시 살게 하소 서

G   Em Em/D C Am   Dsus4 D
묶었 던자 자유케되 는   영 광 의날을주 - 소 서

G   Em Em/D C Am   D7
아버지 여   이나 라   주 의 것되게하 - 소 서

G   B7   Em   C   D7   Gsus4 G
Fine
영원 하신 하늘아버 지   다 시 섬기게하소 서

저 죽어가는 내 형제에게

Eb   F/Eb Bb/D   Cm   F   Bb
메   마른뼈들에 – 생 기를   부어주소서 –아버지 의긍휼–
Eb   F/Eb   Bb/D   Cm   D sus4
주의군대로 –서게하 소서   성령의바람 –이제불어   와
D.S.

메들리곡   • 모든 민족에게 (97)   • 세상 모든 민족이 (126)   • 지금 서 있는 이 곳에서 (262)

196 전능하신 나의 주 하나님은
(Nosso Deus e poderoso)
Alda Celia
(신) 1957
(구) 2066
전능 하신나 - 의주 - 하나 - - 님은 - 능치 못하실 - 일전 혀 -
없 - 네 - 우리 의모든 - 간구 - - 도 우리 의모든 - 생각 - - 도 우리
의모든 - 꿈과 - 모든 - 소망 - - 도 - 신실 하신나 - 의주 - 하나 - - 님은
- 우리의 모 든괴 - 로움 - 바꿀 - 수 - 있 - 네 - 불가
능한일 - 행하 - 시고죽은 자를일 - 으키 - 시니그를 이길자 - 아무 - 도없 - - 네
- 주의말씀 의지 하여 - 깊은곳에 그물던져 - 오늘
그 가놀 - 라운 - 일을 - 이루 - 시는 - 것보라 - 주의말씀
의지하여 - 믿음으로 그물던져 - 믿는 자에겐 - 능치 - 못함 - 없네 -

메들리곡 • 나의 영혼이 잠잠히 (37) • 모든 상황 속에서(98) • 주님 보좌 앞에 나아가 (221)

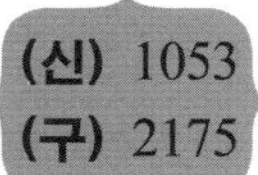

(신) 1053
(구) 2175

전심으로 주 찬양

(주의 찬송 세계 끝까지)

197

고형원

E   G#m   A   Am   E
전 심으로주찬 양   주의 이름높 – 이올려드리 세

E   G#m   A   B7   E
위   대하신하나 님   온땅 위에높 – 이올려드리 세

A   B7   G#m7   C#m7   A   B7   E E7
주 의영광은 – 하 늘위에높고 주의 찬 송은세계 끝까 지 – –

A   B7   G#m G#7 C#m7   A   B7   E
주 의영광은 – 모 든나 라위에 주의 찬 송은세계끝 – 까 지

메들리곡 • 나를 향한주의 사랑 (23) • 나의 부르심 (34) • 사랑해요 목소리 높여 (117)

198 정결한 마음 주시옵소서

(Create in me a clean heart)

(신) 1181
(구) 843
Keith Green

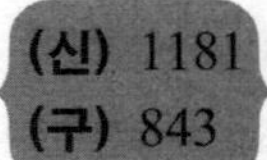

정 결 한 마음주시 옵소서 - 오 - 주 님
정직한영을 새롭게하소 서 - -
나를 주 님앞에서 - 멀리하 지 마 시고 -
주의 성 령을거두지마옵소서 -
그 구 원의기 쁨 다시회 복시키 시 - 고
변치않는맘 내안에주소 서 -

메들리곡　• 나 주님의 기쁨되기 원하네 (42)　• 내가 주인 삼은 (51)　• 십자가 그 사랑(136)

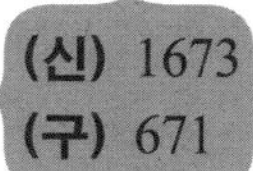

존귀 오 존귀하신 주
(Worthy is the Lord)

199

Mark Kinzer

존 귀 오 존 - 귀하 - 신 주 -
감사찬양 과 - 경배 - 다 받으실주님 - - - - - -
존 귀 오 존 - 귀하 - 신 주 -
감사찬양 과 - 경배 - 다 받으실주 님 -
찬 양 할 렐 루 - 야 - 보 좌위 어 린양께 -
우 리 경 배 하 - 며 - 영 광돌리네 -
할 렐 루 - 야 - 우 리왕께 영 - 광 -
주는승 리 의 용 - 사 - 또 만 유의 주 님 -

메들리곡　• 우리 함께 기뻐해 (186)　• 위대하고 강하신 주님 (188)　• 크신 주께 (273)

200 좋으신 하나님 인자와 자비

(You are good)

(신) 1555　(구) 1803

Israel Houghton

좋으-신하나-님 인자-와자비-영 원-히--

각나-라족속-과 백성-방언 세상-모든세-대 영원-토록주

경 배-해 - 할렐루--야 할 -렐루--야주

경 배-해 - 주하나-님 - 주

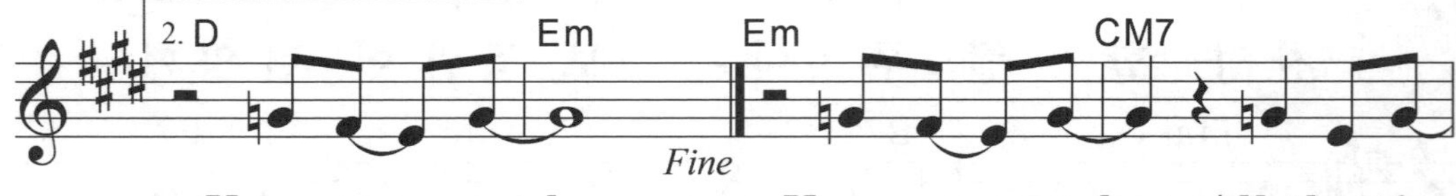
You are - good - You are - good - All the time

- All the time - You are - good -

메들리곡　• 여호와를 즐거이 불러 (152)　• 예수님 목 마릅니다 (159)　• 주를 찬양해 (232)

(신) 1176
(구) 1172
죄악된 세상을 방황하다가 201
(불 속에라도 들어가서)
최수동 & 김민식

죄 악된 세상을 방황하다가
탕 자를 살려준 주님말씀에
골 고다 언덕길 오르신 예수

천국 과 지옥도 나 - 는 몰랐네
죄인 의 두다리 묻 - 어 두었네
추수 할 일꾼들 찾 - 아 부르네

고집 대 로영죽을 험 한세 상 이
아들 이 여일어나 내 손을 잡고
거친 바 다험한산 피 가맺 혀 도

왜그리 - 더러운지 이 제야아 네
남은몸 - 모든영혼 바 치라하 네
십자가 - 내가지고 끝 내이기 리

불속에라도 들어 가서 - 불속에라도 들어 가서 -

세상에 널리전하리 주 의사랑을

202 주가 보이신 생명의 길

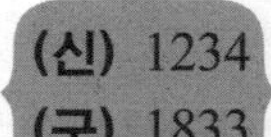

(신) 1234
(구) 1833

박정은

주가 보이신 - 생명의 - 길 - 나 주님과함께 -
상한 맘을 드리며 - 주님 - 앞에 - 나 - 가리 -
나의 의로움 - 이 되신주 - 그 이름예수 -
나의 길이되 - 신 이 - 름 - 예 - - 수 -
나의 길 오직그 - 가 아 - 시나니 - 나를
단련 하신 후 - 에 - 내 가 -
정 금 같 이 나 - 아 오 리 라 -

메들리곡 • 나의 영혼이 잠잠히 (37) • 전능하신 나의 주 하나님은 (66)

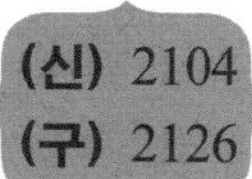

주께 가까이 날 이끄소서

(신) 2104
(구) 2126
203

Adhemar de Campos

A
Bm7
주 께 가 까이 - 날 이 끄 소 서 - - -

D   E   A   D/E   A/C#
간 절 히주- 님만-을원합니 -다- - 채 워 주소서 -

D2   D/F#   E/G#   A   E sus4
주 의 사랑을- - -진 정한찬- 양드-릴수있도 -록

A   Bm7
목 마-른 나 의영혼 - 주 를 부르니 - -

D   E   A   E/G#   F#m
나의맘- 만져- - 주-소서 -   -주님만을 원 합니다 -

Bm7   D   E   A
더 원 합니다 - - 나의맘- 만져- - 주소 -서-

메들리곡   • 내 모든 것 나의 생명까지 (60) • 주께 가오니 (205) • 주님 곁으로 (210)

204 주께 두 손 모아

(사랑의 종소리)

김석균

주 께 두손모아비 나니크 신 은총베푸 사
주 께 두손모아비 나니크 신 은총베푸 사

밝 아 오는이 - 아 침을환 히 비춰주소 서
주 가 예비하신동 산에항 상 있게하소 서

오 - 주 우리모든 허 물을보 혈 의피로씻기 어
오 - 주 우리맘에새 빛이어 두 움밝게하시 어

하 - 나 님사랑 안에서행 복 을-갖게하소 서
진 - 리 의말씀 안에서늘 순 종-하게하소 서

서 - 로 믿음안에서 서 - 로 소망가운 데
서 - 로 참아주면서 서 - 로 감싸주면 서

서 - 로 사랑안에서 손 잡 고가 는 길
서 - 로 사랑하면서 주 께 로가 는 길

주께 두 손 모아
E   B7/D#   C#m   C#m7   B7   E
오 - 주 사랑의종 소 리가 사 - 랑 의종소리 가
A   E   B7   E
이 시 간우리모 두-를감 싸 게하여주소 서

메들리곡   • 나의 마음을 (29)   • 내 주 같은 분 없네 (69)   • 예수님 목 마릅니다 (159)

205
주께 가오니
(The power of Your love)
Geoff Bullock
(신) 1532
(구) 1535

A   E/G#   F#m   C#m7   F#m
주께가 오니 - 날새롭게 하 시고 -
나의눈 열어 - 주를보게 하 시고 -

E   D   E   F#m   E   E/G#
주의은혜 를 부어주 - 소 서
주의사랑 을 알게하 - 소 서

A   E/G#   F#m   C#m7   F#m
내 안에발 견한 - 나의연약 함 모두 -
매 일나의 삶에 - 주뜻 이뤄 지 도록 -

E   D   E   D/E   D/A   A E/G# F#m E
벗어지리 라 - 주의사랑으로 - - - -
새롭게하소 서 - 주의사랑으로 - - - -

D   F#m   E   D/A   A E/G# F#m E
주 사랑 - 나를붙드 시 - - 고

D   F#m   E   A   Bm7   A/C#   Bm7 A
주 곁에 - 날이끄소 - 서 -

D   F#m   E   D/A   A   E/G#   F#m
독 수리 - 날개쳐올라 가 - - - 듯 나주님과함 께

F#m   E   D   D/E   D/A   A
일어나걸으 리 주의사랑안에 - - - -

메들리곡 • 나는 찬양하리라 (21) • 모든 상황 속에서 (98) • 예수 우리 왕이여 (163)

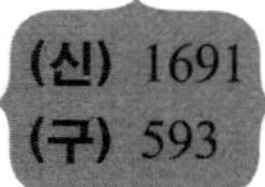

(신) 1691
(구) 593

주께 와 엎드려
(I Will Come And Bow Down)

Martin Nystrom

206

C   Am   Dm   F/G G7
주 께 와   엎 드 려   경 배 드   립 니 다

G/F   Em   A7(♭9)   Dm   Gsus4
주 계 신 곳   엔 기 쁨 가 득   -

G7   Am   Bsus4   B/D#   Em   A7
무 엇 과 도   누 구 와 도   바 꿀 수   없 네

Dm   F/G   G7   F C/E Dm   C
예 배 드 림   이 기 쁨 됩 니 다   -

메들리곡 · 나의 만족과 유익을 위해 (30)　· 내 안에 사는 이 (64)　· 약한 나로 강하게 (144)

207
주 날 구원했으니
(멈출 수 없네)
심형진

G Em
주 날 구원했 -으니- 어찌잠잠하 -리-
주 내 죄사했 -으니- 어찌잠잠하 -리-

C G
기쁨의- 찬송드 -리리
기쁨의- 경배드 -리리

Am G/B
주 를향 -한 - 나 의사 -랑 -
주 를향 -한 - 나 의열 -정 -

C D
멈 출수없 -네 - 멈 출수없 -네 -
멈 출수없 -네 - 멈 출수없 -네 -

G 3 Em
나 - 기쁨의춤 추 리 - - 내

1. C D
모 든 슬 -픔 바 꾸 셨네 - -

2. C D G
모 든 삶 -주 안 -에 -있네

Copyright © 2008 심형진. Administered by KwangsooMedia. All rights reserved. Used by permission.

메들리곡   • 나 기뻐하리 (19) • 성령님이 임하시면 (124) • 주 예수 기뻐 찬양해 (242)

주는 평화
(He is our peace)

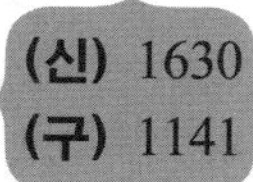

Kandela Groves

(신) 1630
(구) 1141
208
A/B   B7(♭9) E   F#m   A/B B7   E
주 는 평 화   막힌 담을모두허셨 네
C#m Fdim7 F#m   A/B   B7   1. E   2. E
주 는 평 화   우 리 의 평 화   화
E7   D/E E7 A   F#m   G#m
염 려 다 맡 기 라   주 가 돌 보 시 니
C#m Fdim7 F#m   A/B   B7   1. E   2. E A/E E
주 는 평 화   우 리 의 평 화   화   -

메들리곡   • 나를 향한 주의 사랑 (23)   • 날마다 숨쉬는 순간마다 (45)   • 아바 아버지 (138)

209 주님 같은 반석은 없도다

(만세 반석 / Rock of Ages)

Rita Baloche

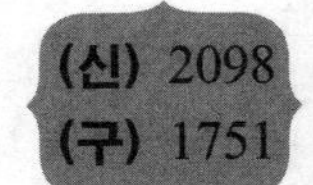

(신) 2098
(구) 1751

주님같은 반석은없 – 도다 찬양받기
합당하신 – 이름 – 변 치않으시 – 는
구 원의반석 – 신 실하시고 – 진실하 – 신주
주님같은 반석은없 – 도 다
만세반 – – – 석 예 수내 – 반 – 석
만 세반 – – – 석 예 수내 – 반 – 석
주님같은 반석은없 – 도 다

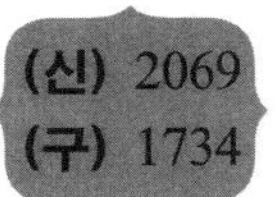

(신) 2069
(구) 1734

주님 곁으로 날 이끄소서

(Draw me close to You)

Kelly Carpenter

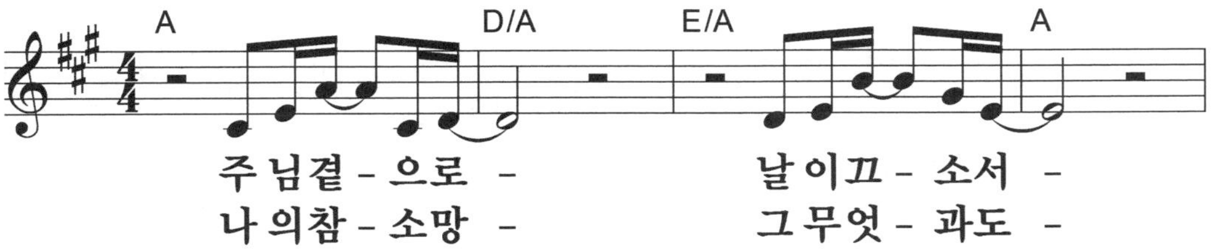

A   D/A   E/A   A
주님곁 - 으로 - 날이끄 - 소서 -
나의참 - 소망 - 그무엇 - 과도 -

E2/G#   D/F#   F#m9   F#m9/E   D M7   D6
내모든것 - 다드 - 리며 - 주음성들 - 기원 - 하네 -
바꿀수없 - 는주 - 사랑 - 그품안에 - 나안 - 기리 -

A/E   D/E   E   A   D/E   E
주님의 - 길로 - 인도하 - 소서 -

A   E/A   D2/A   A   E/G#   D2/F#   E 7sus4   E7
주님 - 만이 - 내모 - 든것 - 되시 -니 -

A   E/A   D/A   E sus4   E   A
주님 - 만을 - 더알게하 소서 -

메들리곡　· 내 모든 것 나의 생명까지 (60) · 모든 상황 속에서 (98) · 주의 도를 버리고 (247)

211 주님과 같이

(There is none like You)

Lenny LeBlanc

주님과 같 - - 이 - 내마음 - 만지는 분은없네 -
오랜세 - 월찾아 난알았네 - 내겐 - 주밖에 없 - - - 네 -
주 자비 강 - 같이 흐르 - 고 주 손길 치 - 료 - 하 - 네
고통받는 - 자녀품 - 으 - 시 - 니 주밖에 없 네

메들리곡　• 나 주님의 기쁨되기 원하네 (42)　• 내가 주인 삼은 (51)　• 내 손을 주께 높이(63)

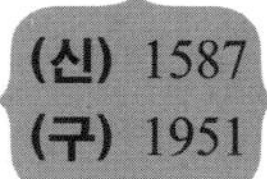

(신) 1587
(구) 1951

주님과 함께 하는

(온 맘 다해 / With all my heart)

212

Babbie Mason

F   F/A   C/Bb   Bb   D7/A   Gm7
주 님과함께하 는 이 고요한-시-간 주 님의보좌앞에
나 염려하잖아 도 내 쓸것아-시-니 나 오직주의얼굴

C7sus4   C7   Am7   Dm7   /C   Bb F/A
내 마음을-쏟-네   모든것아시는주님 께 감출것없네
구 하게하-소-서 다 이해할수없을때라 도   감사하며

Gm7   F/A   BbM7   Bb6   C7sus4   C7
내 맘과정성다 해 주   바 라나-이-   다
날 마다순종하 며 주   따 르오-리-   다

F   F/A   BbM7 Bb6   D7/A   Gm7 /F   C7sus4 C7
온맘다 해   사랑합 니다 - 온맘 다 해   주알기 원하 네

Dm   /C   G9/B   G7/B   F/C   Bb/C C7   F
내모든 삶   당신것 이니 - 주만섬 기 -리 온맘다 해

메들리곡　• 거룩하신 하나님 (8)　• 아버지 사랑합니다 (154)　• 완전하신 나의 주 (176)

213 주님 나를 부르셨으니

(신) 1446
(구) 993

윤용섭

D A7 D Asus4
주 님 나 를 부르셨으 니 주 님 나 를 부르셨으 니
주 님 나 를 사랑했으 니 주 님 나 를 사랑했으 니
주 님 나 를 구원했으 니 주 님 나 를 구원했으 니

A7 D Bm E A D
내 모 든 정 성 내 모 든 정 성 주 만 위 해 바 칩 니 다
이 몸 바 쳐 서 이 몸 바 쳐 서 주 만 따 라 가 렵 니 다
소 리 높 여 서 소 리 높 여 서 주 만 찬 양 하 렵 니 다

A D E Asus4
주 - 님 주 - 님 나 의 기 도 들 으 - 사

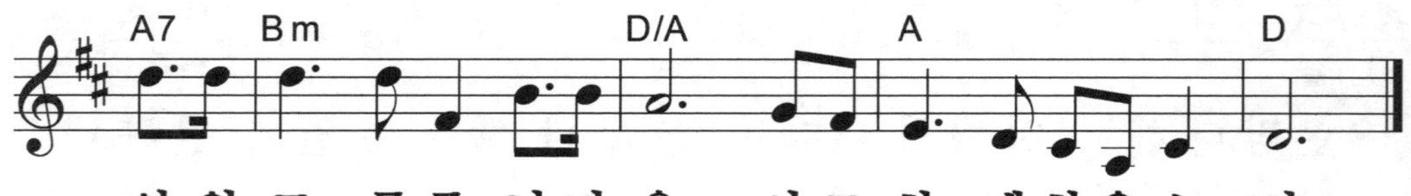
A7 Bm D/A A D
영 원 토 록 주 님 만 을 사 모 하 게 하 옵 소 서
언 제 까 지 주 님 만 을 사 모 하 게 하 옵 소 서
할 렐 루 야 주 님 만 을 사 모 하 게 하 옵 소 서

메들리곡 • 내게 있는 향유 옥합 (54) • 너 어디 가든지 (75) • 오직 주의 사랑에 매여 (175)

(신) 1314
(구) 977
주님 내가 여기 있사오니
214
(나를 받으옵소서)
최덕신

주님 내 가 여기있 사오니 나를보 내 소- 서
나의 맘 나의몸 주께드 리오- 니 주 받으옵 소 서
주님 내 가 여 기있 사오니 나를 써 주 소- 서
가진 것 모두다 주께드 리오- 니 주 받으옵 소 서
할 렐 루 - 야 할 - - 렐 - 루 - 야
할 렐 루 - 야 - - - - 할 - 렐 루 야 주님
야 나를 받으옵 소 서 나를 받 으
옵 소 서 -

메들리곡 • 신실하게 진실하게 (134) • 오직 예수 다른 이름은 (173)

215
주님 내 길 예비하시니
(여호와 이레)
홍정표
(신) 1719
(구) 772

주 님 내 길 예 비 하 시 니 나 기 뻐 합 니 다
주 님 내 게 평 화 주 시 니 나 기 도 합 니 다
주 님 내 게 승 리 주 시 니 나 찬 송 합 니 다
주 님 나 를 치 료 하 시 니 참 감 사 합 니 다
주 님 나 를 사 랑 하 셨 네 날 구 원 하 셨 네

주 님 내 길 예 비 하 시 니 나 기 뻐 합 니 다
주 님 내 게 평 화 주 시 니 나 기 도 합 니 다
주 님 내 게 승 리 주 시 니 나 찬 송 합 니 다
주 님 나 를 치 료 하 시 니 참 감 사 합 니 다
주 님 나 를 사 랑 하 셨 네 날 구 원 하 셨 네

여 – 호 와 이 레 여 – 호 와 이 레
여 – 호 와 샬 롬 여 – 호 와 샬 롬
여 – 호 와 닛 시 여 – 호 와 닛 시
여 – 호 와 라 파 여 – 호 와 라 파
할 렐 루 야 아 멘 할 렐 루 야 아 멘

주 님 내 길 예 비 하 시 니 여 – 호 와 이 레
주 님 내 게 평 화 주 시 니 여 – 호 와 샬 롬
주 님 내 게 승 리 주 시 니 여 – 호 와 닛 시
주 님 나 를 치 료 하 시 니 여 – 호 와 라 파
주 님 나 를 사 랑 하 셨 네 할 렐 루 야 아 멘

메들리곡 · 그리 아니하실지라도 (14) · 다 와서 찬양해 (79) · 오 주여 나의 마음이 (172)

주님 다시 오실때까지

216

고형원

주 님다시오실 때 까-지나-는 이길을가리 라
좁은- 문 좁은- 길 나의십자가지고
나의가는이길 끝 에-서나-는 주님을보리 라
영광-의 내주-님 나를맞아주시리
주님다시오실 때 까-지 나는일어나 달려가리라
주의영광온땅덮을- 때 나는일어나노래하 리
내 사모하는주 님 -- 온세상 -구주시 라
내 사모하는주 님 -- 영광의 왕이 시라

메들리곡 • 나의 만족과 유익을 위해 (30) • 먼저 그 나라와 (93) • 아버지 당신의 마음이 (139)

217 주님 뜻대로 살기로 했네

(돌아서지 않으리 / No turning back)

김영범

C F2/C C F2/C C F2/C C F2/C C F2/C
주님뜻대로- 살기로 했네- 주님뜻대로-
이세상사람- 날몰라 줘도- 이세상사람-
세상등지고- 십자가보네- 세상등지고-

C F2/C C F2/C C F2/C C F2/C C F2/C C F2/C
살기로 했네- 주님뜻대로- 살기로 했네-
날몰라 줘도- 이세상사람- 날몰라 줘도-
십자가보네- 세상등지고- 십자가보네-

C F2/C Em7 Dm7 C F2/C C F2/C Em7
뒤돌아서 - -지 - 않겠네 - - - - 뒤돌아서 - -지

Dm7 C G/F F C/E
- 않겠네 - 어떠한 시련이-와도 - 수많은
이해못-하고 - 우리를

G/F F C Am D7
유혹속-에도 - - - 신실하신 -주님- 약속 -나붙들리라
조롱하-여도 - - - 신실하신 -주님- 약속 -만붙들리라

1. Gsus4 G 2. Gsus4 G 4 C
- - 세상이 - 결코 돌아서지 않 으리

메들리곡
- 주 예수 사랑 기쁨 (243) • 할 수 있다 하신 이는 (293)
- 완전한 사랑 보여주신 (179)

(구) 714

주님만 주님만 주님만

218

(주님만 사랑하리 / It is You)

Pete Sanchez Jr.

주님만 주님만 주님만 사랑하리
나의왕 나의 주님 주님을 더욱 알기 원해
나 주님께 오직주 께 경배하네
거룩 거룩 존 귀 존귀 하신주
사랑합니다 -

메들리곡
- 나의 모습 나의 소유 (33) · 아버지 사랑합니다 (154)
- 햇살보다 밝게 빛나는 (294)

219 주님 말씀하시면

(말씀하시면)

(신) 1773
(구) 1757
김영범

주님 말씀하-시면 - 내가 나아가-리다 -
주님 뜻이아-니면 - 내가 멈춰서-리다 -
나의 가고서-는것 - 주님 뜻에있-으니 -
오주 -님- 나를이끄-소 -서- 주님
뜻하 신그-곳에 - 나있 기원합-니-다 - 이끄
시는-대로 - 순종하며살-리-니 - 연약한내-영혼
- 통하여 일하-소-서 - 주님 나라와- 그뜻을위-하여
- 뜻하 오-주 -님- 나를이끄-소 -서-

메들리곡 •나무엇과도 주님을 (24) •나의 맘 받으소서 (31)
•주님 내가 여기 있사오니 (214)

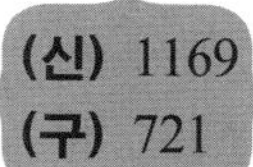

(신) 1169
(구) 721

주님 사랑해요

이정림

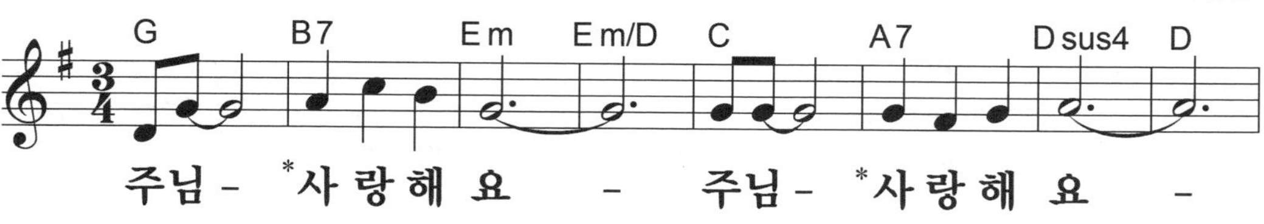

G   B7   Em   Em/D   C   A7   Dsus4   D
주님 - *사랑해 요 -   주님 - *사랑해 요 -

B7   Em   C   C#dim   D   D7   G
말 하지 않아도 표현다 못해도 주님 - *사랑해 요 -
*｜찬양
　감사

메들리곡　• 나의 사랑 나의 생명 (35)　• 나 주님의 기쁨되기 원하네 (42)
• 다 표현 못해도 (80)

(구) 1724

221 주님 보좌 앞에 나아가

(Lord I come before Your throne of grace)

Robert & Dawn Critchley

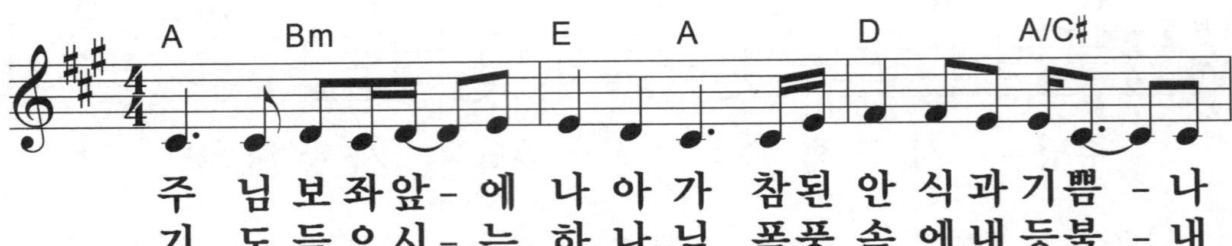

A   Bm   E   A   D   A/C#
주 님 보좌앞 - 에 나 아 가 참된 안 식 과 기쁨 - 나
기 도 들으시 - 는 하 나 님 폭 풍 속 에 내 등불 - 내

Bm7   Esus4 E7 A   Bm   E E7 A F#m
누 리 - 겠네 경 - 배 하 - 며 주의 얼 - 굴 구 할 때 신 실
노 래 - 시 라 주의 날 개 - 아 래 서 내 - 맘 쉬 리 니 신 실

Bm7   Esus4 E7   A   Bm7
하 신 주 - 님 찬 양 해   신 실 하 - 신 하 나 님 -
하 신 주 - 님 찬 양 해

D6/E   E   A   D2/A A   F#m
- 신 실 하 - 신 - 주 -   나 의 주 - 하

Bm7   D/E   Esus4   A D/A A (Esus4 E)
나 님 은 -   신 실 - 하 신 주 님
Fine

A   Bm   E   A   D   A/C#
평 화 내 려 주 - 신 하 나 님 나로 고 통 받 - 는 자 - 를

주님 보좌 앞에 나아가

Bm7
Esus4 E7
A
Bm
E
위로 하게하 – 소서 나의 평생에 – 주의 사랑   을 전하
F♯sus4 F♯7
Bm7
Esus4 E7
A
D.S. al Fine
리   신실 하신주 – 님찬 양 해   신실하 – 신

메들리곡 • 나의 안에 거하라 (36) • 모든 상황 속에서 (98) • 주가 보이신 생명의 길 (202)

222
주님 손에 맡겨 드리리
(전심으로 / With all I am)
Reuben Morgan
(신) 2087
(구) 2093

D   F#m/C#   A/C#   Bm   F#m/A
주 님 손에 - - - 맡겨드 - 리리 - - - 나의 - 삶
주 와함께 - - - 걸 어가리 - - 라 - 모든길 - 을

G   Asus4   A   D   F#m/C#   A/C#
- 주 님 께 - - 주 님 손이 - - 나의삶붙드 - 네
- 주 신 뢰 - 해 주 뜻안에 - - 나 - 살아가 - 리

Bm   F#m/A   G   Asus4   A   Em
- - - 나주 의 - 것 - 영 원 히 - - -
- - 주 의약 속 - 은 - 영 원 해 - - -

A   D   A/C#   G/B
내 가믿 - 는분 - 예 수 - 내 가속 - 한 분

D/F#   F#m   G   Em   3rd time To Coda
- 예 수 - 삶 의이유되 - 시네 - - 내노래되 - 시 네

1. Asus4   A   D   D/A
- - 전 심 - 으로 -

2. Asus4   A   Dsus4   D   D9   Em9
- - 전 심 - 으 - 로

주님 손에 맡겨 드리리

Asus4 A G/D D Em
경배하 – 리 – – 경배하 – 리 – 라
Asus4 A G/D D A/C# G/B
– – 경배하 – 리 – – 경배하 – 리 – 라
Asus4 A G/D D A/C# G/B
– – 경배하 – 리 – – – 경배하 – 리 – 라
Asus4 A D.S Asus4 A D G/D D
– 내 가 믿 – 는 분 – – 전심 – 으 – 로 –

메들리곡 • 나의 맘 받으소서 (31) • 목마른 사슴 (101) • 찬양의 열기 모두 끝나면 (266)

223 주님은 신실하고

(Sweeter Than The Air)

Scott Brenner & Andre Ashby

(구) 1821

G/B   C   D sus4 D/F# G   G/B   C   D sus4 B/D#
주님 - 은 - 신실하고 - 항상거기 - 계 - 시 네
Em7   G/D   C   D sus4 D   G   G/B
- 주사랑을뭐 - 라할까 - 주사랑 - 이내생
C   D sus4 D   G   G/B   C   D sus4 B/D#
명보다귀 - 하 - 고 - 주사랑 - 이파도 보다더강 - 해 - 요
Em7   G/D   C   A/C#   D   /C   G/B G
- 세월이 - 가고꽃 은시 들어도 - 주사랑 - 영원해 - 주님
1. C2   D sus4 D   2. C2   D sus4 D   G C/G G
- 사랑 - 신실해 - 요   - 사랑 - 신실해 - 요 - -

메들리곡   • 내가주인 삼은 (51)   • 다 표현 못해도 (80)   • 사랑합니다 나의 예수님 (116)

주님은 아시네

(King of Majesty)

(구) 1990

224

Marty Sampson

주님은 아시네 주사랑 하는맘
내마음 다하여 주님께 고백해
이전보-다더- 주님-알기원-해-
주님만-위해-
내삶-드리기-원해 위대하- 신왕
-내맘의- -한소-망 언제나-주와-함께
-언제나-주와-함께-
예수나의영혼의구세-주
영원무궁히주님만을나찬양-하리

메들리곡 • 예수 나의 첫사랑 되시네 (156) • 주님 같은 반석은 없도다 (209)

225 주님의 영광 나타나셨네

(The Lord has displayed His glory)

David Fellingham

(신) 1650
(구) 762
주 님 의 - 영 광 나 - 타 나 셨 네 -
권 능 으 - 로 임 하 - 셨 네 -
죽 음 에 서 날 - 살 리 신 주 성 령 - 놀
라 우 - 신 주 하 나 님 - 할 렐
루 야 주 의 나 라 가 - - - 할 렐
눈 먼 자 는 - 눈 을 뜨 며 -

주님의 영광 나타나셨네

Am7
G
Em7
Bm
E
루 야 임 하 소 - 서 - - - - -
- - 저 는 자 는 - 걷 게 되 리 -
Am
D6
D7
Bm7
E7
나 는 선 포 하 - 리 만 왕 의 왕 예 - 수
Am9
D7
G
Am/G
G
주 의 나 라 임 하 시 네 - - -

메들리곡　·다 와서 찬양해 (79)　·부흥 있으리라 (109)　·찬양 중에 눈을 들어 (269)

226 주님이 주신 땅으로

(이 산지를 내게 주소서)

홍진호

(신) 1281
(구) 1845
A   D2   E   D/A   A
주님 이   주신 땅으로 - 한걸음씩 - 나아 갈 때에
A M7   C#m   F#m/C#   Bm7   Esus4 E7
수많 은   적들과 견고한성이 - 나를 두렵게 - 하지 만
F#m   C#m   D M7   E
주님 을   신뢰 함으로 - 주님 을   의지 함으로 -
F#m   C#m   D   B7   Esus4 E7
주님 이   주시는 담대함으로 - 큰 소리외치며 - 나아가 네
A M7   E   D
이산지 를   내게주소 - 서 -   그날 에   - 주께서
A/E   E   A M7   E
말 씀 - 하신 이제내 가   주님의 이 름으로 - 그땅
1. D   Bm7   Esus4 E7   2. D   Bm7/E   E7 D/A   A
을 취하리 니 이산지 을 취하리 니   -

메들리곡　• 내 마음에 주를 향한 사랑이 (58)　• 전능하신 나의 주 하나님은 (196)

(신) 1609
(구) 2068
주님이 홀로 가신
(사명)
이권희
227

FM7 G Am FM7 G Am
주님이 홀로가 신그길 나도따 라가 오

FM7 G Am Dm Em7 Am
모든 물 과피를 흘리신 그길을 나도- 가 오

FM7 G Am FM7 G Am
험한 산 도 나는 괜찮소 바다 끝 이라도나는 괜찮소

FM7 G Am Dm Em7 Am
죽어가 는 저들을위해 나를 버 리길바라 오

Dm E7 Am Dm7 G7 C
아버지 나를보내주 오 나는 달 려가 겠 소
세상이 나를미워해 도 나는 사 랑하 겠 소
생명을 버리면서까 지 나를 사 랑한 당 신

Bm7(b5) E7(b9) Am G F Dm Em Am
목 숨도아끼지 않겠소 나 를 보 내 주 오
세 상을구원할 십자가 나 도 따라 가 오
이 작은나를받 아주오 나 도 사랑 하 오

메들리곡 • 많은 이들 말하고 (92) • 먼저 그 나라와 의를(93) • 주님 다시 오실 때까지 (216)

228 주님 큰 영광 받으소서

(Jesus shall take the highest honor)

(신) 1648
(구) 811

Chris Bowater

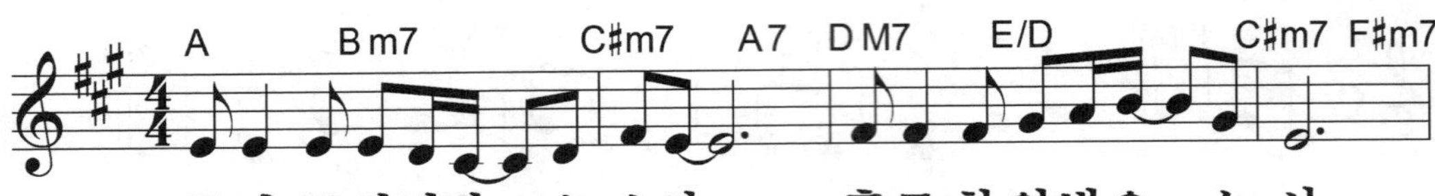
A   Bm7   C#m7   A7   DM7   E/D   C#m7 F#m7
주님 큰영광받 - 으 소서 -   홀로 찬 양받으 - 소 서

Bm7   E7   A   F#m7   DM7   B7/D#   D/E E7
모든 이름위에 - 뛰어 난그이름 - 온 땅과하 - 늘이다찬 - 양 해

A   Bm7   C#m7   A7   DM7   E/D   C#m7 F#m7
겸손하 - 게우리무 - 릎 꿇고 -   주 이름앞 - 에영광돌 - 리 세

Bm7   E7   AM7   F#m   DM7   B7/D#   D/E E7
모 두절하세 - 독생 자예 - 수 -   주님께 - 찬양드 - 리 리 모든

A   E/G#   F#m   A/E   D   A/C#   Bm7   Esus4 E7
영광 과존귀 와 능력 -   받으소서 -   받으소서 -

C#/F   F#m   Bm   D/E E6   A   D/A   A
그 리 스 도   살아계신 - 하나님   -

메들리곡 • 나는 찬양하리라 (21) • 모든 능력과 모든 권세 (95)
• 주 여호와는 광대하시도다 (241)

주 다스리네
(The Lord Reigns)

(구) 1700

229

Dan Stradwick

주 다 -스리네 - 주 다 -스리네 -
주 다 -스리네 - 온땅기 뻐해 - 온땅기 뻐해
- 온땅기 뻐해 - 만백성기뻐하 라
- 주다스리 네 - 주 네 -
주 님 나 라임 -했네 모 든 적 불태 -우네
악 한 세 력은 녹네 주 님의임재앞 - 에
주님의임재앞 - 에 - 주 네 -

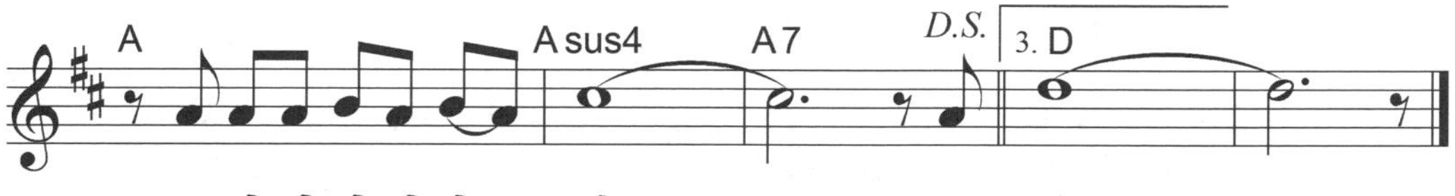

메들리곡 • 나는 믿음으로 (20) • 예수보다 더 좋은 (161) • 오라 우리가 (169)

230 주를 영원히 송축해

(내 기쁨 되신 주 / Made me glad)

Miriam Webster

주를 영원히 송축해
항상 주 의지하리
두려움 속에서 날 건지사
내가 사모할 자 오직 주
반석 위에 날 세우셨네 요
주와 같은 분 없으리 내
동하지 않고 주를 고백하리 나의 방패
기쁨 되시는
힘과 내 기업 구원자 피난
처 강한 성루 언제 나 나의 도움 되시네

메들리곡 • 내 구주 예수님 (55) • 사랑하는 나의 아버지 (115) • 주 품에 품으소서 (259)

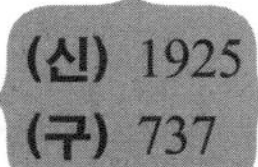

주를 찬양하며

(I just want to praise You)

231

Arthur Tannous

(신) 1925
(구) 737

F   Dm7   Gm7   C7

주   -를찬양하 -며   나 -이제고백 하는 말
손   -을높이들 -고   나 -이제고백 하는 말

Am7   Dm7   Gm7

주   -를사랑 합니다   나의 -모 든 것
주   -를사랑 합니다   오 거 -룩하신

1. C7   F B♭/F F B♭/C   2. C7   Am7

되 신주님 께   -   주 의이름거 -룩하신

D7   Gm7   C7   B♭/F   F

주 의이름 주 -의이름높 이올 리 세   -

메들리곡   • 마음이 상한 자를 (89)   • 완전하신 나의 주 (176)   • 주님만 사랑하리 (218)

232 주를 찬양해

(신령과 진정으로)

심종호

주를 찬 - 양해   나의 맘 - 다해
찬 양가 - 운데   임하시는주 -
우리맘 - 다해   주를높 - 일때 -
기쁨내 - 안에   흘러넘치네 - - - -
- 주를찬   흘러넘치네 - - - - - - - 감사의
- 노 - - 래주 - 께 - 내게새 - 일행 - - 하시 - 네 - 주님의
- 은혜 - 크신사 - 랑찬 - 양하 - 네 -   주님을
- 경 - - 배할 - 때 주를더 - 욱알 - - 기원 - 해 - 거룩하

주를 찬양해

A   E/G#   F#m7   /B   E   1.
-신 주 -전능하 --신하 - 나님 -   주를찬
2. E   D6   A/C#   Am/C
주를갈 -망하-는것 -   주를예 -배하-는것
E/B   F#sus4   F#7   Bsus4
- 주를기 -뻐하-는것   신령과진정으로 -
B   D6   A/C#   Am/C
주를갈 -망하-는것 -   주를예 -배하-는것
E/B   F#sus4   F#7   D
- 주를기 -뻐하-는것   신령과진정으로 -
D   B
신령과진정으로 - - - - - - - 감사의
E   G#7(#5)   D.S.   E
- 노 - -래주 -께 - 내게새 -   거룩하
A   E/G#   F#m7   /B   E
-신 주 -전능하 --신하 - 나님 -

메들리곡 • 내 마음을 가득 채운 (59) • 여호와를 즐거이 불러 (152)

233 주를 향한 나의 사랑을

(신) 1543
(구) 1807

(Just let me say)

L. Geoff Bullock

E   B/D#   C#m   /B   A   F#m   A/B B7
주를 향한 나의 사 랑을 주께 고 백하게 하소 서
부드러 운 주의 속 삭임 나의 이 름을부르시 네
온맘으 로 주를 바 라며 나의 사 랑고백 하리 라

E   B/D#   C#m   /B   F#m   A   A/B B/A
아름다 운 주의그늘아래 살 며 주를 보 게하소 서
주의능 력 주의영광을보 이사 성령 을 부으소 서
나를향 한 주님의그크신 사 랑 간절 히 알기원 해

G#m   C#m   /B   F#m   A/B B7
주님 의 말씀 선포 될 때에 땅과 하늘 진동 하리 니
메마 른 곳거 룩해 지 도록 내가 주를 찾게 하소 서
주의 은 혜로 용서 하 시고 나를 자녀 삼아 주셨 네

E   B/D#   C#m   /B   A   A/B B7   E
나의사 랑 고백 하 리라 나의 구주 나의 친 구
내모든 것 주께 드 리리 나의 구주 나의 친 구
나의사 랑 고백 하 리라 나의 구주 나의 친 구

메들리곡 • 나를 향한 주의 사랑 (23) • 날마다 숨쉬는 순간마다 (45) • 예수님이 좋은 걸 (160)

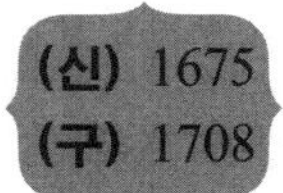

(신) 1675
(구) 1708

주 보좌로부터

(주님의 강이 / The river is here)

234

Andy Park

C G D G C G D G
주 보좌-로-부터 물이-흘러 닿 는곳-마-다새 로워지네-
주 님의-강-이충 만케-되네 닿 는자-마-다치 유케되네-
주님-의-산에 올라-가리 주계-신-보좌 찾-으러-

C G D G C G D G
골짜-기-를지나 들판-으로 생수-의강물 흘 러넘-치네
그 강가-에-있-는병든-자들 주갈-급하며 돌 아오-리라
그 강변-에-우-리달려-가서 춤을-추-며주를 찬양-하리

G D G D G
주 님의강이-우릴 즐겁-게-해 주 님의강이-춤 추게-해-

G C G C G D G
주 님의강이 우릴 새롭-게-해 기쁨-으로 충 만케하네-

메들리곡　• 부흥 있으리라 (109)　• 일어나라 주의 백성(194)　• 찬양 중에 눈을 들어 (269)

235 주 발 앞에 나 엎드려

(오직 예수 / One Way)

Joel Houston &
Jonathon Douglass

주 발앞에나 엎 드 려   주만간절 히원해
언제나어 디 서 나   크고깊은 은혜로

주 계신곳 나 바 라 봅 - 니 다 - -
주 님항상 내 안 에 계 - 시 네 - -

근 심속에 주 찾 을 때 - 모든필요내 려 놓 고
변 함없으 신 주 님 - 어제오늘 영 원 히

겸 손하게 모두 - 드 - 리 리 - -
한 결같이 함께 - 하 - 시 네 -

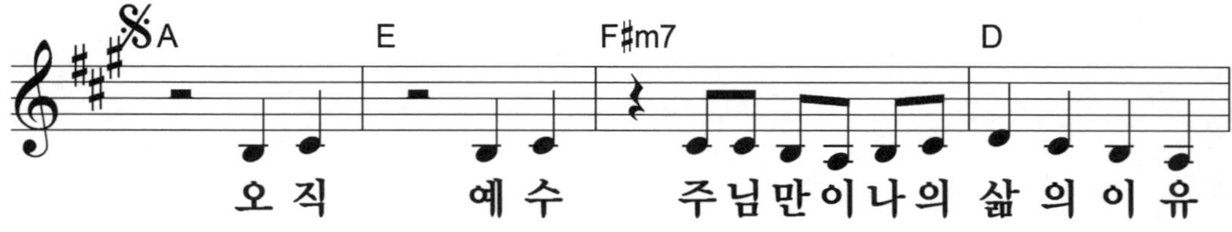
오 직   예 수   주님만이나의 삶 의 이 유

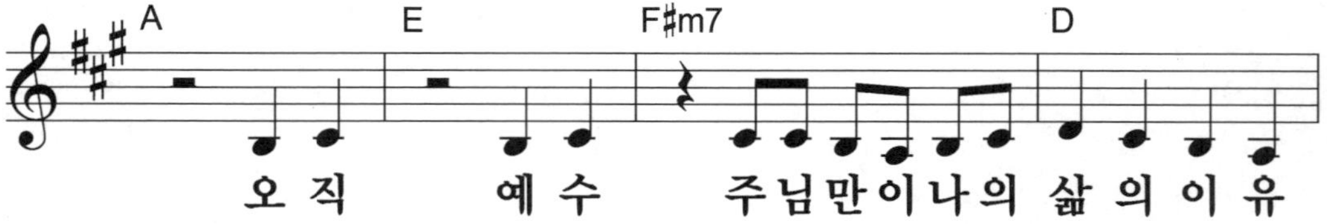
오 직   예 수   주님만이나의 삶 의 이 유

주 발 앞에 나 엎드려

1.F#m7   D   F#m7   D
2,3. A   E   F#m7   D
오 직   예 수   주님만이나의 삶 의 이 유
A   E   F#m7   G
오 직   예 수   주님만이나의 삶 의 이 유
A   E   F#m7
주님 은길 과진 - 리 생명 나는 - 오 직 - 믿 음
D   F#m7   E   D   1,3.
- 으로 - 살 리 -   주만 - 위 해 - 살 리 - -
4. D.S. al Coda   F#m7   G   A
주님만이나의 삶 의 이 유 -

메들리곡 • 예수 나의 첫사랑 되시네 (156) • 주님 같은 반석은 없도다 (209)
• 주 신실하심 놀라워(237)

236 주 사랑이 나를 숨쉬게 해

(신) 1624

정신호

주 사랑이 - 나를숨쉬 - 게해 - 세상 그어떤 - 어려 - 움속 - 에도
주 사랑이 - 나를이끄 - 시네 - 내가 갈수없 - 는그 - 곳 - 으로
- 주 은혜로 - 나를돌보 - 시며 - 세상 끝날까 - 지 - 지켜 - 주시네
- 주 의사랑 - 나를붙드 - 시며 - 세상 끝날까 - 지 - 인도 - 하시네
- 주 - 주님 - 만이 - - 내아픔아 - 시며 - 주님
만이내 - 맘어 - 루만 - 지네 - 어느 누구도 - 나를향 - 하신
- 주님 의사랑 - 을끊을수 - 없네 - 주님 - 만이
- - 내능력이 - 시며 - 주님 만이나 - 의구 - 원이 - 시네

주 사랑이 나를 숨쉬게 해

D   A/C#   B m7   E/G#   G m6
어느 누구도 - 나를향 - 하신 - 주님

E m7   A   D
의 사랑 - 을 끊 을수 - 없 네 -

237
주 신실하심 놀라워
(주님의 은혜 넘치네 / Your Grace is Enough)
Matt Maher & Chris Tomlin
주 신 - 실 하 - 심 놀 - 라 워 -
공 의 - 와 사 - 랑 놀 - 라 워 -
죄 인 - 의 마 - 음 흔 - 드 네 -
약 한 - 자 들 - 어 쓰 - 시 네 -
자 비 - 의 물 - 가 로 - 인 도 - 하 시 - 니
구 원 - 의 노 - 래 로 - 인 도 - 하 시 - 니
그 무 - 엇 도 - 끊 지 - 못 해 - 주 여
만 백 - 성 함 - 께 찬 - 양 해 -
기 억 - 하 소 서 - 주 백 성 - 자 녀 들 - 신
실 한 - 주 님 의 - 약 속 - 주
님 의 은 혜 - 내 게 넘 치 네 - 나

주 신실하심 놀라워

G   D   C   1.
를 향한주 - 은 - - 혜 -
2C   G   D   Em7   C
주 님의은혜 - 이땅 에부으소서 - 나
나 를덮는사랑 -
G   D   1. C
를 향한주 - 은 - - 혜 -   넘 -치는-주
2. C   G
은 - - 혜 -

메들리곡 · 온 세상 창조 주 (177) · 주님은 아시네 (224) · 찬양하세 (270)

238 주 안에 우린 하나

(기대)

천강수

(신) 1387
(구) 1684
주안에우린하나 모습은달라도 예수님한
분만바라네 사랑과선행으로 서롤 격려
해 따스함 으로 보듬어-가 리- 주님 우 리안 에
함 께 계시니- 형제자-매의- 기 쁨과슬-픔느끼네-
네안 에 있 는 주님모 습보네 그분기뻐하 시 네
주 님우릴통-해 계획하-신 일-
부족한-입술로-찬양 하게하-신 일- 주 님우릴통-해
계 획하-신 일- 너 를통해하실일기대 -해- -

(구) 2263

주 앞에 엎드려

(I will bow to You)

Pete Episcopo

239

주 앞에엎 - 드려   경배합 - 니다 - 오직 - 주께
- 주 경배합 - 니다   다른신 - 아닌
- 오직 - 주께 - 나의모 - 든 - 우상 - 들 -
나의 - 보좌 - 모두 - 다내 - 려 - 놓고 -
주 앞에엎 - 드려   경배합 - 니다 - 오직 - 주께 -

메들리곡
• 나의 마음을 (29) • 두 손 들고 찬양합니다 (86)
• 예수님 그의 희생 기억할 때 (157)

240 주여 진실하게 하소서

(I'll be true, Lord Jesus)

(신) 1300
(구) 831
D   Asus4 A7 Em7 A7   D
주여 *진실 하게하소 서   오늘 하 루 하루순간 을
D2   D7   G   G#dim7 D/A G/A   D
주가 주신힘으로 승리 하기원하네 주여 나를진실하게하소 서
* 사랑하게
묵상하게
기도하게
말씀보게
전도하게

메들리곡   • 나 무엇과도 주님을 (24)   • 내게 있는 향유 옥합 (54)   • 신실하게 진실하게 (134)

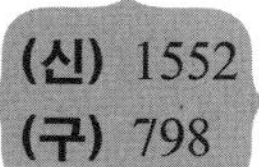

주 여호와는 광대하시도다 241
(Great is the Lord)

Steve McEwan

A   D2/A   A   D2/A   F#m7
주 –여호 와는광대하시도 다 그 거룩한하나님성–에 서

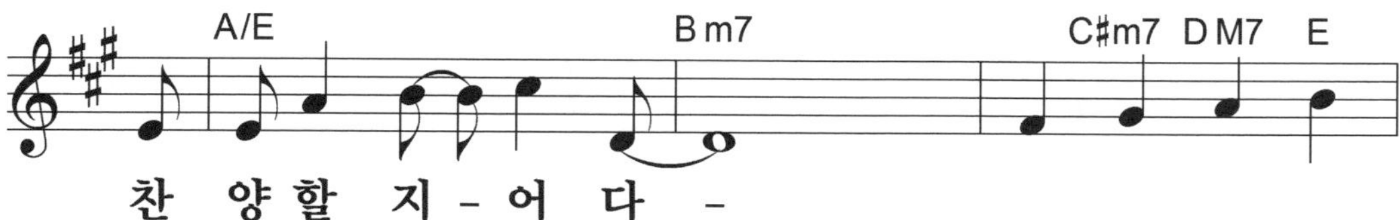

A/E   Bm7   C#m7 D M7 E
찬 양할 지–어 다 –

A   D2/A   A   D2/A   F#m7
주 –승리 우리에게주셨도 다 모 든원수물리치–셨 네

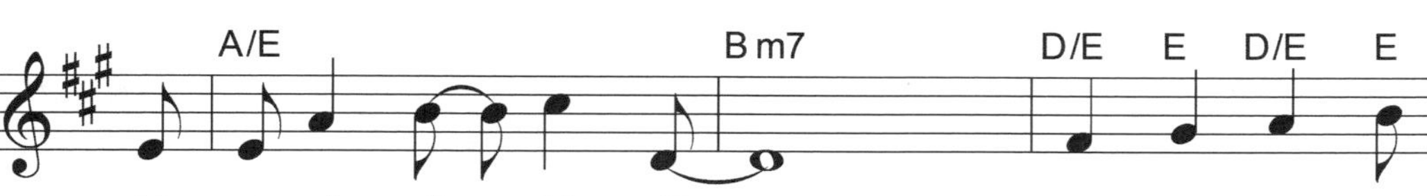

A/E   Bm7   D/E E D/E E
엎 드려 절–하 세 –

A   C#m7   D2   A/C#
다 주의크 –신이 –름높이 며 우 리에게– 행하 –신

Bm7   D/E   A   C#m7
위대 한일감 –사하 –세 오 주의신 –실하 –신그사 랑

D   A/C#   Bm7   D/E   A
온 땅과하 –늘위에계 –셔 홀로영원하신 이 름– –

메들리곡 • 우리 보좌 앞에 모였네 (184) • 주께 가까이(203) • 주의 도를 버리고 (247)

242 주 예수 기뻐 찬양해

(Celebrate Jesus)

Gary Oliver

주 예 수 기 - 뻐 찬 - 양 해
주 예 수 기 - 뻐 찬 - 양 해
부활하 - - 신 - 우리 주 - - - 님 - 영원 히
- 다스리네 - 부활 하 - 신 - 우리 주 - - - 님
- 다와서찬 - 양해 - - 부활하신 - 주찬 - 양 - 해 -

메들리곡 • 나 기뻐하리 (19) • 다 와서 찬양해 (79) • 성령님이 임하시면 (124)

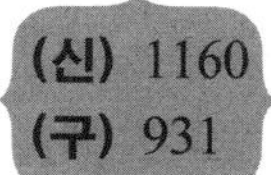

(신) 1160
(구) 931

주 예수 사랑 기쁨

(주님이 주신 기쁨 / Joy Joy Down In My Heart)

George W.Cooke

243

주 예 수 사 랑 기 쁨 내 마음 속에 내 마음 속에
이제 는 정 죄 없 네 예 수안 에서 예 수안 에서
이제 는 해 방 됐 네 예 수안 에서 예 수안 에서

내 마음 속에 주 예 수 사 랑 기 쁨 내 마음 속에
예 수안 에서 이제 는 정 죄 없 네 예 수안 에서
예 수안 에서 이제 는 해 방 됐 네 예 수안 에서

내 마음 속에 있 네 나 는 기 뻐 요 정 말 기 뻐 요 주
예 수안 에서 없 네
예 수안 에서 해 방

1. 예 수 사랑 기쁨 내 맘 에 나 는 기
2. 예 수 사랑 기쁨 내 맘 에

메들리곡   • 거리마다 기쁨으로 (9) • 너는 담장 너머로 (74) • 할 수 있다 하신 이는 (293)

244 주 예수의 이름 높이세

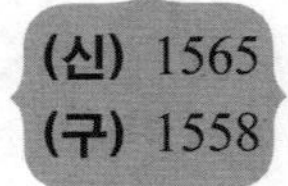

(We want to see Jesus lifted high)

Doug Horley

주예수의이 - 름높-이 세 - 온땅을덮는 - 깃발-처럼
- 모든사람진 - 리를보며 - 길되신주 -를알-리
주예수여 주예수여 높임을받으 -시옵-소서
1. - 주예수여 주예수여 높임을받으 -시옵-소서
- 한걸음씩전-진하-며 이땅을 정복 해-가네
- 기도로 무기-삼으-면 원수는 무너지리
2. - 무너-지리 - -라-
D.C.

메들리곡 • 다와서 찬양해 (79) • 부흥 있으리라 (109) • 오 이 기쁨 (171)

주 우리 아버지

(신) 1578
(구) 766

245

(God is our Father)

Alex Simon & Freda Kimmey

주 우 리 아 버 지 - 우 리 는 그 분 의 자 - 녀

예 수 우 리 형 제 - 손 에 손 잡 고 하 나 되 어 함 께 걸 - 어 가 리

주 께 찬 송 해 탬 버 린 으 로
주 께 찬 송 해 춤 을 추 면 서

주 께 찬 송 해 손 뼉 쳐

해 - 목 소 리 로 랄 랄 라 라 랄 라 라 - 랄 라

랄 랄 라 라 랄 라 라 - 라 랄 랄 라 라 랄 라 라 - 랄 라

랄 랄 랄 랄 랄 라 라 - 라 랄 라

메들리곡 · 마지막 날에 (90) · 승리는 내 것일세 (133) · 주님의 영광 나타나셨네 (225)

246 주의 거룩하심 생각할 때

(When I look into Your holiness)

Wayne Perrin & Cathy Perrin

(신) 1553
(구) 564

주의 거룩하심생 각 할때- 주의 크신사랑느 낄 때
주의 영광의 빛 나의 생활 비춰주 실 때 -
주가 주신기쁨맛볼 때 에-- 주의 사랑속에나 잠길 때
주의 영광의 빛 나의 생활 비춰주 실 때 -
경 배 하 리 - 경 배 하 리 -
나 사 는 동 안 주께경 배 해 - -
경 배 하 리 - 경 배 하 리 -
나 사 는 동 안 주께경 배 해 -

메들리곡 • 내 구주 예수님 (55) • 사랑하는 나의 아버지 (115) • 내 입술로 (68)

(구) 1982

주의 도를 버리고

(성령의 불로 / Holy Spirit)

Stephen Hah

A   E/G#   F#m7   C#m7
주 의도를버리 고   헛된 꿈 을좇던우리 들
심 한고난을받 아   살소 망 까지끊어지 고

D   E/D   C#m7   F#m7   G   E7
거 짓과 교만 한 마음을 용   서하여주소 서
죽 음과 같은 고 통에서 주   를보게하셨 네

A   E/G#   F#m7   C#7   F#m7
하 나님의긍휼 로   부끄 러 운 우리삶-을 덮어주소서-
용 서받을수없 는   나를 위 해 십자가-에 달리셨으니-

D   E/D   C#7   F#   Bm7   E7
우리의-소망   우리의-구원   주 께간구합니 다
주사랑-에서 그 어느누-구도   끊 을수는없으 리

A   C#7   F#m7   Bm7   A   G   E7
성 령의-불 로   나 의 맘을태워 주소서-

A   C#7   F#m7   D   E7   A
성 령의-불 로   나의 영혼 새롭게하소 서

메들리곡 · 감사하신 하나님 (2) · 선포하라 (122) · 주님 보좌 앞에 나아가 (221)

248 주의 보좌로 나아 갈 때에

(예수 피를 힘입어)

양재훈

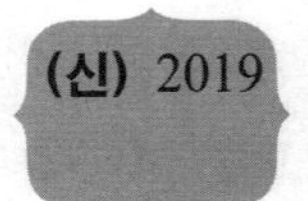

(신) 2019

주 의 보 좌로 나아갈 때에 어 떻게나아가야할 까
주 의 보 좌로 나아갈 때에 나 여전 히 부족하 나

나 를 구 원한 주의십자가 그 것을믿으며 가네 -
나 를 품 으신 주의그사랑 그 것을믿으며 가네 -

자격 없는내힘이아 닌   오직예수님의보혈 로

자격없는내힘이아 닌   오직예수님의보혈 로

-   십자가의보혈 -   완전하신사 랑   힘입어

나 아 갑 니 - 다   십자가의보혈 -   완전하신사

랑   힘입어예배합 니 다

메들리곡
- 나를 향한 주의 사랑 (23) • 내 주 같은 분 없네 (69)
- 예수님 그의 희생 기억할 때 (157)

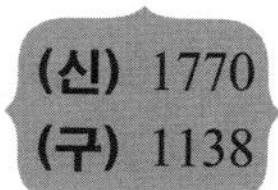

(신) 1770
(구) 1138

주의 사랑으로 사랑합니다 *249*

(I love you with the love of the Lord)

Jame M. Gilbert

F
Gm7 C7
주의 사랑으로사랑합니 다   주의 사랑으로사랑합니 다

Gm7   C7   F   /E Dm   Gm7   C7   F
형제 안 에– 서 주의 영광을보네 주의 사랑으로사랑합니 다
자매 안 에– 서 주의 영광을보네 주의 사랑으로사랑합니 다

메들리곡 • 아버지 사랑합니다 (154) • 우리는 주의 백성이오니 (182)
• 하나님은 너를 만드신 분 (281)

250
주의 이름 높이며
(Lord I lift Your name on high)
Rick Founds
(신) 1573
(구) 2111

주의이름높-이 며   주를찬양하-나 이-다
나를구하러-오 신   주를기뻐하-나 이-다
하늘영광 버리고 - 이 땅 위에 십 자 가-를지시고
-죄 사-했 네 무덤에-서일어나 - 하늘로-올리셨네
-주의이름높-이-리-

메들리곡 · 내 모든 삶의 행동 주 안에 (61) · 아버지 사랑 내가 노래해 (140)
· 예수는 왕 예수는 주 (158)

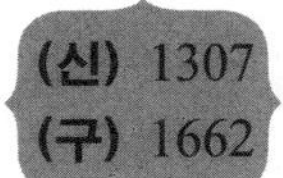

(신) 1307
(구) 1662

주의 이름 안에서

(찬양의 제사 드리며 / We bring the sacrifice of praise)

251

Kirk Carroll Dearman

주의 이름안-에서- 주의 성소로-가네--- 영광 스러운-이곳-에
주의 말씀주-시고- 우리 감사드-리네--- 주의 날개그-늘밑--

우리 기쁘게-왔네---거룩 한보좌-앞에-서 따뜻 함을느-끼네---
우리 피난처-되네---주의 길을따-르며-- 우리 주께순-종해---

우리 마음경-배하-며 찬양의 제사드리네- - -
모든 상황속-에서-도 찬양의 제사드리네- - -

찬 양 의제사드리 며 -성소로 들어 갑니 다

찬 양 의제사드리 며 -성소로 들어 갑니 다

우리 모 두주님 께 -감사의 제 사를 드리세

우리 모 두주님 께 -기쁨의 제 사드리 네

메들리곡 • 때가 차매 (87) • 선하신 목자 (123) • 찬양의 열기 모두 끝나면 (266)

252 주의 이름 송축하리

(The name of the Lord)

(신) 1303 (구) 1222

Clinton Utterbach

G
C/G
D/G
주의이름송축하리 － 주의이름송축하리 － － －
거룩하신주의이름 － 거룩하신주의이름 － － －
영광스런주의이름 － 영광스런주의이름 － － －

1. G
G/B
C
Am7
D
Dsus4
C/D D
지존하신주의이름 － 찬 － 양 －
거룩하신주의이름 － 찬 － 양 －
영광스런주의이름 － 찬 － 양 －

2. G/B
G7
C
Am/D
G
Fine
지존하신주의이름 － 찬 － 양 － －
거축하신주의이름 － 찬 － 양 － －
영광스런주의이름 － 찬 － 양 － －

C/D
G
C/G
G
주님의이름 － 은 － 강한성 － 루 －

G
D7
G
그곳에달려 － 간 － 자 안전 － 하리 －

주의 이름 송축하리

G
C/G
G
주님의이름 - 은 - - 강한 성 - 루 -
G
D7
G
C/D D7
D.C. al Fine
그곳에달려 - 간 - 자 안전 - 하리 -

Praise the Lord

253 주의 인자는 끝이 없고

(The steadfast love of the Lord)

Edith McNeill

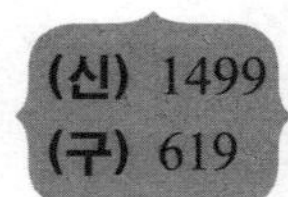
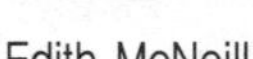

(신) 1499
(구) 619

D   B m7   G   D
주 의 인 자 는 - 끝 이 - 없 고
주 의 사 랑 은 - 끝 이 - 없 고
주 의 보 호 는 - 끝 이 - 없 고

D2   B m   E m7   A sus4   A7
그 의 자 비 는 - 무 궁 하 며 -
그 의 공 의 는 - 영 원 하 며 -
그 의 자 비 는 - 풍 성 하 며 -

G   A/G   F#m7   B m7
아 침 마 다 새 롭 고 늘 새 로 우 니

E m7   G/A   A7   D   A/C#   B m7
주 의 성 실 이 큼 이 라

E m7   G/A   A7   D
성 실 하 신 주 님 -

메들리곡 • 감사해요 주님의 사랑 (6) • 나 무엇과도 주님을 (24) • 나의 맘 받으소서 (31)

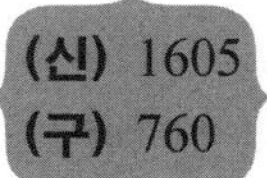

(신) 1605
(구) 760

주의 인자하심이 생명보다 254

정종원

G   Em7   Am7   D
주의인자 – 하심이 생명보다 – 나으 므로 내 – 입술은 주를찬 양

G   Em7   Am7   1. G
주의인자 – 하심이 생명보다 – 나으 므로내입술은주 찬양 –

Bm7   Em   Am   D
이러므 로 – 내평생 에 주 를 – 송축하 며 주의

Bm   Em Am7   Dsus4   D7   2. G
이름으로 – 인 하여 내손을 들리 – 라 – – 찬양 –
D.C.

메들리곡 • 나 기뻐하리 (19) • 부흥 있으리라 (109) • 생명 주께 있네 (121)

255 주의 임재 앞에 잠잠해

(Be still for the presence of the Lord)

David J. Evans

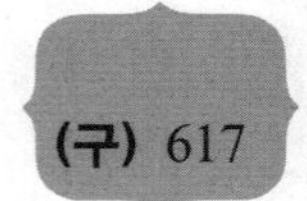
(구) 617

D   F#m   Bm   Em   Asus4   A7
주 의 임재 앞에잠잠해 주 여 기 계 시 네
주 의 영광 앞에잠잠해 주 의 빛 비 치 네
주 의 능력 앞에잠잠해 주 역 사 하 시 네

D   F#m   Bm   Em   Asus4   A7
와 서 모두 굽혀경배해 신 령 과 진 리 로
거 룩 한 - 불태우시며 영 광 의 관 쓰 네
죄 사 하고 치유하시는 놀 라 운 주 은 혜

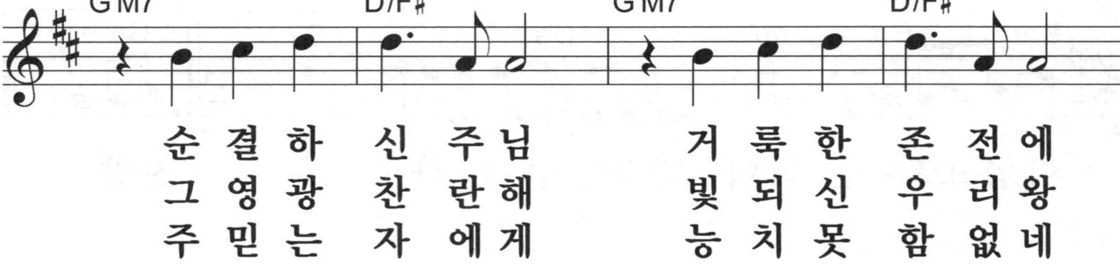

GM7   D/F#   GM7   D/F#
순 결 하 신 주님   거 룩 한 존 전 에
그 영 광 찬 란해   빛 되 신 우 리 왕
주 믿 는 자 에게   능 치 못 함 없 네

G   F#m   Bm   Em   A7   D
주 의 임재 앞에잠잠해 주 여 기 계 시 네
주 의 영광 앞에잠잠해 주 의 빛 비 치 네
주 의 능력 앞에잠잠해 주 역 사 하 시 네

메들리곡
- 모든 이름 위에 뛰어난 이름 (100)   • 예수 하나님의 공의 (166)
- 오직 예수 다른 이름은 없네 (173)

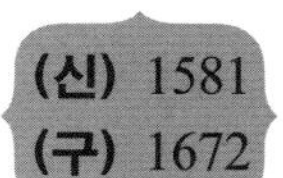

(신) 1581
(구) 1672

주의 자비가 내려와
(Mercy is falling)

David Ruis

D   Em   D/F#   A7   D   Em   D2/F# G   A
주의자비 – 가내려 – 와내려 – 와 주의자비 – 가봄 비 같이

D   Em   D/F#   A7   D2
주의자비 – 가내려 – 와나 를 덮 네   –

D   D/F#   G   A   D   D/F#   G   A7
헤이 호   주의 자비하심 과 헤이 호   주의 은혜로

D   D/F#   G   D/F# D/E   A   D   G/D   D
헤이 호   나는 영원히 춤 추 리   –

메들리곡   • 나는 믿음으로 (20)   • 예수보다 더 좋은 (161)   • 주 자비 춤추게 하네 (257)

257 주 자비 춤추게 하네

(춤추는 세대 / Dancing Generation)

Matt Redman

주 자 비 춤 추 게 하 네 - 모 든 것 다 해
찬 양 해 - 춤 - 을 추 - 며 자 - 비 감 사 - 해
주 영 광 외 치 게 하 네 - 온 땅 에 서 주
높 이 며 - 주 - 의 영 - 광 소 리 - 쳐 찬 양 - 해
넘 - 쳐 흐 르 는 용 서 받 은 영 혼
이 제 주 를 보 네 우 린 - 멈 출 - 수 없
- 어 우 리 는 춤 추 는 세 대 되 - 리 주 크 신 자 비 로
- 춤 추 - 리 라 - - 주 - 의 자 - 비 로 -

주 자비 춤추게 하네

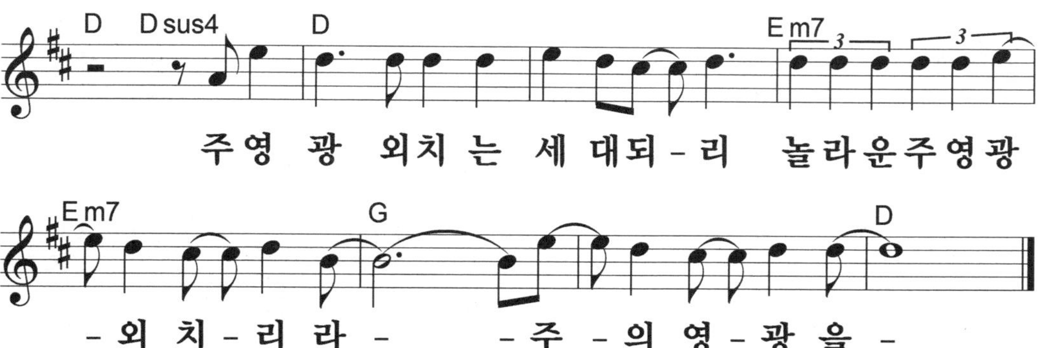

D D sus4 D E m7
주 영 광 외치 는 세 대 되 – 리 놀 라 운 주 영 광
E m7 G D
– 외 치 – 리 라 – – 주 – 의 영 – 광 을 –

메들리곡 · 주 다스리네 (299) · 주의 자비가 내려와 (256) · 할 수 있다 하면 된다 (292)

258 주 찬양합니다

(Ich lobe meninen Gott)

Cl. Fraysse Bergese

(신) 1161
(구) 1246

D   A/C#   Bm   Bm7/A   G   A7   D   D7
주   찬 양 합 니 다   내 마 음 을 다 해

1.   G   A/G   F#7   Bm   Em7   E7   Asus4 A
주 가 하 신 놀 라 운 일 들 을 세 상 에 모 두 전 하 리 라

2.   G   A/G   F#7   Bm   Em   A7   D2   D7
내 가 주 를 기 뻐 하 며 찬 양 해 할 렐 - 루 - 야

G   A/G   F#7   Bm   Em   A7   D
지 극 히 높 으 신 이 름 찬 양 해 할 렐 - 루 - 야

International Copyright Secured.

메들리곡　・내게 있는 향유 옥합 (54)　・선하신 목자 (123)　・예수 하나님의 공의 (166)

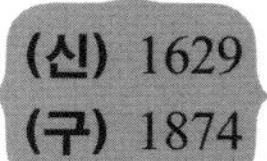

(신) 1629
(구) 1874

주 품에 품으소서

(Still)

Reuben Morgan

259

C   G/B   Am7   F   D/F#   Gsus4   G
주 품에 품으소서
주님 안에 나 거하리

C   Am   F   D7   Gsus4
능력의 팔로덮으 - 소 - 서 -
주 능 력 나 잠 잠히 - 믿 - 네 -

C7   F   G   Csus4   C7   F   G   Am
거친파도 날 향해 - 와도 - 주와함께 날 아오- 르리 -

F   G   Csus4   G/B   F/A   G   C
폭풍가운 데 나의 - 영혼 - 잠잠하게 - 주를보 - 리라 -

메들리곡 • 거룩하신 성령이여 (7) • 사랑하는 나의 아버지 (115) • 예수 사랑해요 (162)

260 주 하나님 독생자 예수
(Because He lives)
Gloria Gaither/Bill Gaither & William Gaither
(신) 1525
(구) 780

주하나님 독생자예수 날위하여
주안에서 거듭난생명 도우시는
그언젠가 주뵐때까지 주를위해

오시었네 내모든죄 다사하시고
주의사랑 참기쁨과 확신가지고
싸우리라 승리의길 멀고험해도

죽음에서 부활하신 나의구세주
예수님의 도우심을 믿으며살리
주님께서 나의앞길 지켜주시리

살아계신 주 나의참된소망 걱정근심

전혀없네 사랑의주내 갈길인도하니

내모든삶의기쁨 늘충만하네

메들리곡 • 나의 가장 낮은 마음(27) • 나의 반석이신 하나님 (32) • 당신은 지금 (83)

지금 우리는 마음을 합하여 261

(일어나 새벽을 깨우리라)

조동희

지금 우리는- 마-음을 합하여- 진정으로 찬양할때니 -
지금 우리가- 하나님의 지하고- 담대히 - 나갈때이니 -
모이자 - 하나되 자 우리가갈 - 길이라 -
모이자 - 하나되 자 주님이지키시리라 -
찬양과 (온맘과 정성을다해-) 기도와 (주님께서 기도하신것처럼-)
말씀속에 (권능으로 임 하시니) 사랑으 로 하나되 자
우리의 젊음 모두다 해 주님을 찬 양 하 며
온세상 에 주의사 랑 전 하 리 라 -
일어나- 새벽을 깨 우리 라- 지금 너희가- 하나될때이 니
일어나- 새벽을 깨 우리 라- 내가 너희와-함께 하리라 -

262 지금 서 있는 이 곳에서

(나를 통하여)

이권희

지금 서있는 - 이곳에서 - 높임 을받으 -소서 - 내가
밟는땅 - 주님의땅 -이니 - 하늘 이 주의이름 - 높이
올리 -며 - 넓은 바다 -가 - 주를 노래 -해 -
모든만물주를경배 해 모든입술주를찬양 해
천 지를만드신 - 만 물의통 -치자 - 높임 을 받으소서
- 내평생에 주의이름높이며 - 어느
곳 에서 -든지 -주님을 예배하 -리라 - 내 가 밟는모든땅 - 아
버지 -의 - 영광이 -선포되야 -하리 - 찬양하

지금 서 있는 이 곳에서

G /B C G/B Am7 D
머 주님을 예배할때 - 하늘 가 득한 - 주의 - 영 광 보
G /B C/E D/F# B7/D# Em7
리라 - 나를통하 여 - 나의입술을 인 하여 - - - 주의
Am7 C/D 1. G /B 2. G
이 름높 - 임을 - 받으 - 소서 - 나 를 통 하 서

메들리곡
• 세상 모든 민족이(126) • 찬양하라 내 영혼아 (268) • 하늘의 나는 새도 (290)

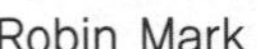

263 지금은 엘리야 때처럼

(Day of Elijah)

Robin Mark

(신) 1293
(구) 1706

A   D   A   E sus4 E   A
지금-은엘리야때 처럼-   주 말씀-이선-포되고 -
에스-겔의-환상 처럼-   마 른뼈-가살-아나며 -

A   D   A   E sus4 E   A
또 주의-종모세의 때와- 같이-   언약-이성취-되 네
또 주의-종다윗의 때와- 같이-   예배-가회복-되 네

C#m   F#m   F#m7/E   D   E sus4 E
비록 전쟁-과기근-과 핍박-   환 난날-이다가-와 -도 -
추수-할때가-이 르러-   들 판 - -은희어-졌 -네 -

A   D   A   E sus4 E   A
우 리는-광야 의외 치는-   소리-주 의길을예- -비하라 -
우리-는추 수할 일꾼-   되어-주 말씀을선- -포하리 -

A/E   B m/E   A   D   A
보 라 주 - 님   구름타시고 -   나팔불때에 -

E   A/E B m/E   A   D
다시오-시 네 모두외 치 - 세 이는은혜의해니 -

A   E   1. A   A sus4/D   2. A
시온에서 구 원이임 하 네   또 네

메들리곡   • 새힘 얻으리 (120)   • 예수 열방의 소망 (164)   • 하늘 위에 주님밖에며 (288)

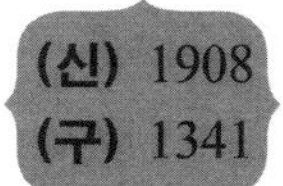

(신) 1908
(구) 1341

지존하신 주님 이름 앞에

(Jesus at Your name)

Chris Bowater

264

지존하신 주님 이 름앞에 모두무릎꿇고 다 경배해 -
거룩하신 주님 보 좌앞에 엎 드려 절-하 세
예 수 는 그리스도 예 수 는 주
하 나 님의 영으로 - 경배 드-리리 -

메들리곡 · 나약해 있을 때에도 (25) · 내가 주인 삼은 (51) · 사랑합니다 나의 예수님 (116)

265 찬송하라 여호와의 종들아

(Come bless the Lord)

E
B7
*찬 송 하 라 - - 여 호 와 의 종 들 아
B7
F#m
B7
E
주 님 집 에 - - 서 있 는 자 들 아
E
E7
A
성 소 향 해 - 손 을 들 고 서 -
A m6/C
E/B
B7
E
찬 송 하 라 - - 찬 송 하 라 -

*│ 기뻐하라
│ 감사하라
│ 기도하라

메들리곡
• 기뻐하며 승리의 노래 (16) • 어두워진 세상 길을 (148)
• 위대하고 강하신 주님 (188)

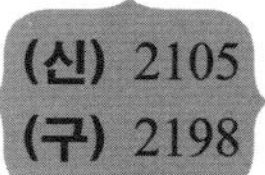

찬양의 열기 모두 끝나면 266

(마음의 예배 / The heart of Worship)

Matt Redman

찬양의열 기 - 모두끝나면 - 주앞에나 와 -
영원하신 왕 - 표현치못할 - 주님의존 귀 -

더욱진실 한 - 예배드리네 - 주님을향 한 -
가난할때 도 - 연약할때도 - 주내모든 것 -

노 래이상의노래 - 내맘깊은곳에 주께서원하신것 -

화려한음악보다 - 뜻없는열정보다 중심을원하시죠 - -

주님께드릴맘 -의 예-배 주 님을위한-

주 님을향한 노래 중심잃은예배내 -려놓 -고

이제 나돌아와 - 주 님만예배 해 요 -

메들리곡 • 나 무엇과도 주님을 (24) • 때가 차매 (87) • 우리 모일 때 (183)

267 찬양이 언제나 넘치면

김석균

찬 양이 언제나 넘 치면- 은 혜로 얼굴이 환해요-
감 사가 언제나 넘 치면- 은 혜로 얼굴이 환해요-
사 랑이 언제나 넘 치면- 은 혜로 얼굴이 환해요-
기 도가 언제나 넘 치면- 은 혜로 얼굴이 환해요-

성 령의 충만한 모-습을- 서로가느-껴 요

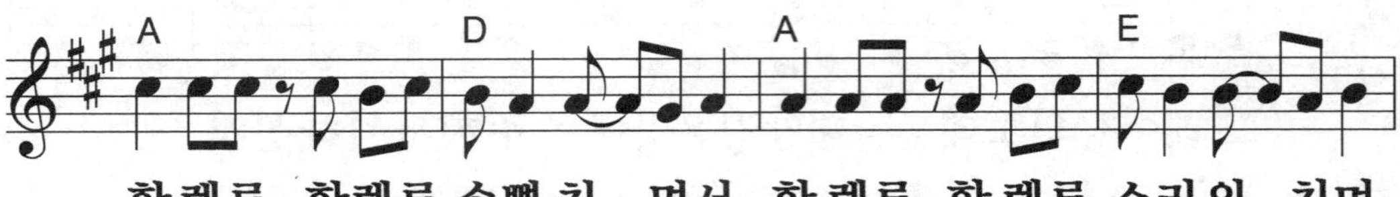

할 렐루 할렐루 손뼉 치 -면서 할렐루 할렐루 소리외-치며

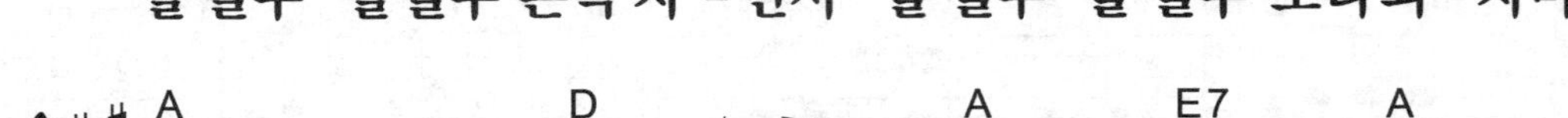

할 렐루 할렐루 두손 을 -들고 주님을찬양해 요

메들리곡　• 많은 사람들 (91)　• 무화과 나뭇잎이 마르고 (103)　• 예수 나의 첫사랑 되시네 (156)

(신) 1961
(구) 914

찬양하라 내 영혼아

268

(Bless the Lord, oh my soul)

Margaret Evans

G   C   A   D
찬양하라 내영혼 아   찬양하라 내영혼 아
G   C   G D7   G
내 속 에있 는 것들아다찬 양 하 라
* 사랑하라
   기뻐하라

메들리곡 • 오직 주님만(174) • 주님과 같이 (211) • 주님은 신실하고 (223)

269 찬양 중에 눈을 들어

(호산나 / Hosanna)

Paul Baloche & Brenton Brown

찬 - 양 중 - 에 눈 을 들 - 어 - 주 를
주 - 께 드 - 린 마 음 다 - 한 - 기 도
- 주 를 보 네 -
- 들 으 소 서 -
소 - 망 중 - 에 마 - 음 다 - 해 - 주 만
주 - 의 나 - 라 상 - 한 영 - 혼 - 들 을
- 나 바 라 네 - 주 님 을 볼
- 새 롭 게 해 -
- 때 나 에 게 - 힘 주 시 네 주 님 안
- 에 모 든 두 - 렴 - 사 라 져 사 라 져
- 호 산 - - 나 호 산 - - - - - 나

찬양 중에 눈을 들어

C2
구 원 의 주 - 하 나 - 님 - 찬 양 받 으
G
Dsus4
Em7
실 주 - 님 - 호 산 - - 나 호
C2
Gsus4
G
Em7
산 - - - - - 나 - 내 안 에 임 - 하 셔 - 서
C2
G
Dsus4
주 님 의 뜻 이 - 루 소 - 서 -
Em7
C2
G

메들리곡 · 주 날 구원했으니 (207) · 주 보좌로부터 (234) · 할렐루야 할렐루야 (291)

270 찬양하세

(Come let us sing)

(신) 1541
(구) 779

Danny Reed

찬 양하세 - 찬 양하세 - 왕 께
소 리높 - 여 찬 양드 리세 - 찬 양드 - 리 세
찬 양받 기에 합 당 하신주 님 -
언 제 나 동 일하신 주 -
무 릎 꿇 고 서 주이 름 외 치 세
예 수 나 의 왕 예 수 나 의 왕
예 수 나 의 왕 아 멘 -

메들리곡
- 무화과 나뭇잎이 마르고 (103) · 온 세상 창조 주 (177)
- 찬양이 언제나 넘치면(267)

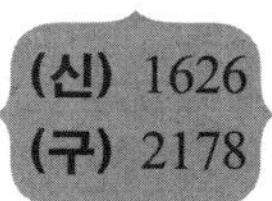
(신) 1626
(구) 2178

축복합니다 주님의 이름으로 271

이형구 & 곽상엽

E   /G#   A   B   E   A/B
축 복 합 니 다 -   주 님 의 이   름 으 로 -

E   /G#   A   B   E D/E   E
축 복 합 니 다 -   주 님 의 사   랑 - 으 로 -   이 곳 에

A   B7   G#m
모 인 주 의 거 - 룩 한 자 녀 에 게   주 님 의 기 쁨 과 주 - 님 의

C#m   F#m7   D   B sus4   B
사 랑 - 이   충 만 하 게   충 만 하 게 넘 치 기 를 -

E   A   B   E   A/B
God   bless you   God   bless you

E   /G#   A   B   E
축 복 합 니 다 -   주 님 의 사   랑 - 으 로 -

메들리곡   · 감사함으로 그 문에 들어가며 (3)   · 내 영이 주를 (66)   · 우리 함께 기뻐해 (186)

272 캄캄한 인생길

(달리다굼)

현윤식

(신) 1430
(구) 963

G   C   G   D7
1. 캄 캄 한 인-생 길 홀 로 걸 어 가 다
운 죄-악 의 길 을 걸 어 가 다
2. 주 님 을 떠-나 서 세 상 을 향-해
의 어-려 움 절 망 가 운-데

G   C   G/D   D7   1. G
지 치 고 곤 하--여 내영혼 깊 은잠이 들었었 네 어두
상 하 고 찢 기--어 내영혼 깊 은잠이 들었었
맘 대 로 고 집-하 며 내영혼 먼 곳으로 나갔었 네 인생
눈 물 과 한 숨--과 내영혼 슬 픔속에 잠이드

2. G   C   G   D7/A D7   G
네 내 -영혼 어둠속에 방 황할 때
네 주 -님을 떠나-서 방 황할 때

C   G   D/F#   A7   D7
어 디 선 가 들 려 오 는 주 님 음 성

G   C   D7   G
깨 어 라 일 어 나 라 달 리 다굼 일어 나 라

G   Em   D7/F#   Am   G
일 어 나 라 죄악 에 잠 자 던영혼-- 아

캄캄한 인생길

달 리다굼 깨어라 일어 나걸-어라
어둠 은 물러가 고 새날 이 다가오 네
주님 오 실날멀잖았 네 어둠속 에 잠자 던 영혼일어나 라
일어 나걸-어라 달 리 다굼 일어나 라

메들리곡 · 낮엔 해처럼 (46) · 내가 먼저 손 내밀지 못하고 (48) · 주님 사랑해요 (220)

273 크신 주께 영광돌리세

(신) 1406
(구) 668

(Great is the Lord)

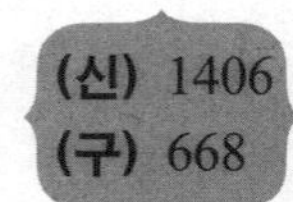

Robert Ewing

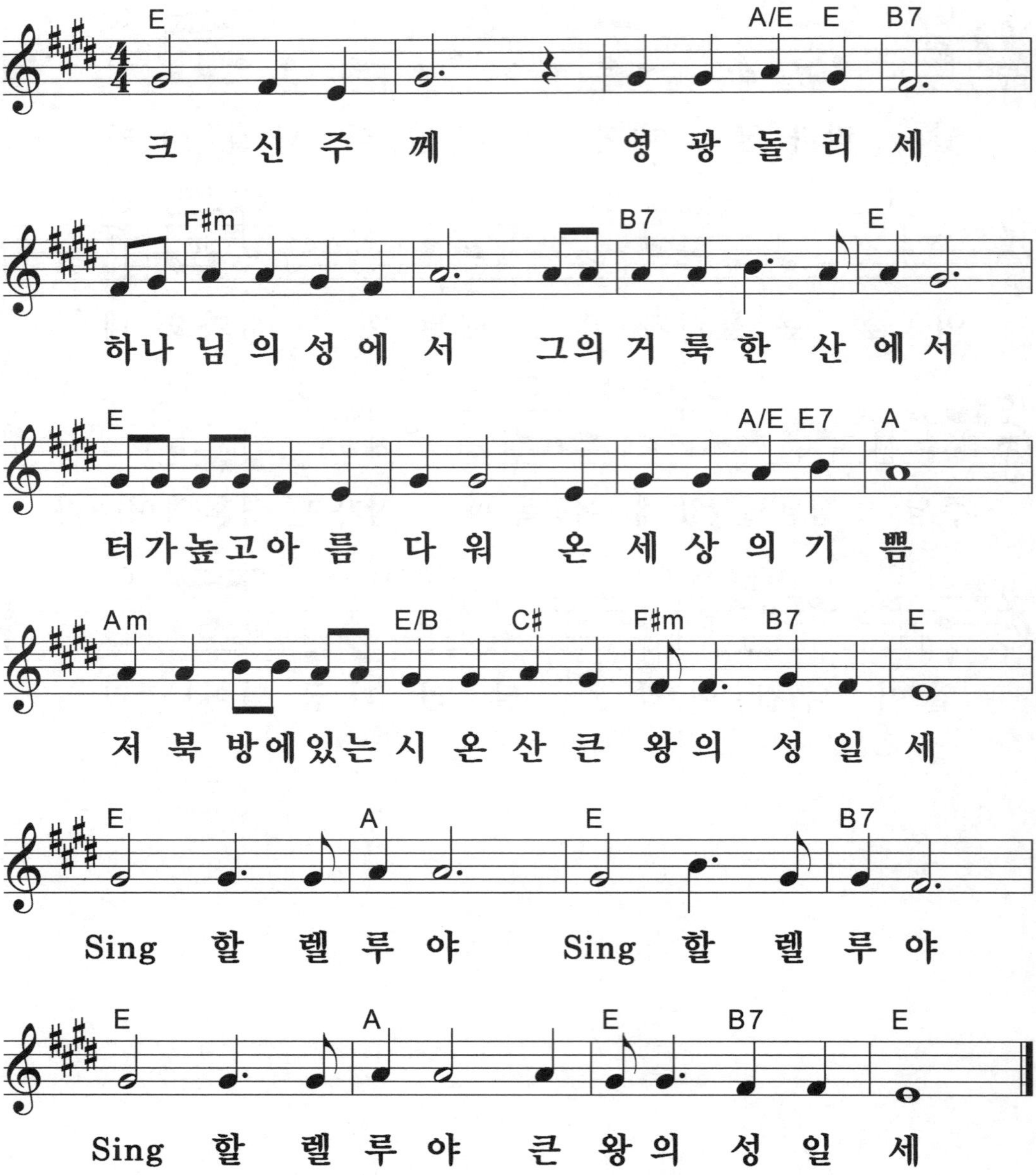

메들리곡 • 내가 어둠 속에서 (50) • 위대하고 강하신 주님 (188) • 존귀 오 존귀하신 주 (199)

(신) 1112
(구) 910

탕자처럼 방황할 때도
(탕자처럼)

274

김영기

탕 자 처럼 방 황 – 할 때 도   애 타 게 기 다 리 는   –
불 순 종 한 요 나 와 같 이 도   방 황 하 던 나 에 게   –
음 탕 한 저 고 멜 과 같 이 도   방 황 하 던 나 에 게   –

부 드 런 주 님 의 음 성 이 내 맘 을 녹 이 셨 네   –
따 뜻 한 주 님 의 손 길 이 내 손 을 잡 으 셨 네   –
너 그 런 주 님 의 용 서 가 내 맘 을 녹 이 셨 네   –

오 주 님 나 이 제 갑 니 다   날 받 아 주 소 – 서   –

이 제 는 주 님 만 위 하 여 이 몸 을 바 치 리 다   –
이 제 는 주 님 만 위 하 여 이 생 명 바 치 리 다   –
이 제 는 주 님 만 위 하 여 죽 도 록 충 성 하 리   –

메들리곡   • 내가 그리스도와 함께 (47) • 아름다웠던 지난 추억들 (137)
• 어느날 다가온 주님의 (146)

275 평강의 왕이요

(I extol You)

Jennifer Randolph

평강의 - 왕이요 - 자비의 - 하나님 -
만군의 - 주시요 - 다시오 - 실 영원하신왕 -
주를 찬 - 양주님을 찬 - 양 온땅 위에높 - 으신 -
주를 모 든만 - 물찬양주를 찬 - 양주님을
찬 - 양 나의 여 호 와께찬 - 양

메들리곡 • 모든 능력과 모든 권세 (95) • 예수 우리 왕이여 (163) • 내 삶의 소망 (62)

평안을 너에게 주노라

(My peace I give unto you)

Keith Routlege

D F#m Em7 A7
평안을 너에게 주노라 -
D F#m Em7 A7
세상이 줄-수 없-는 -
G A/G F#m Bm /A
세상이 알수도 없는 평 - 안
G A F#m Bm
평 - -안 평 - -안
Em7 A7 Dsus4 D
평안을 네게 주노라 -

메들리곡　　• 감사해요 주님의 사랑 (6)　• 내게 있는 향유 옥합 (54)
• 너는 그리스도의 향기라 (72)

277 하나님께로 더 가까이

(Nearer to God)

Stephen Hah

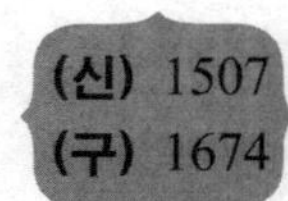

(신) 1507
(구) 1674

G   Am   G/B   C   G/B
하 나님께로 더가까이 갑니다

Am   A/C#   Dsus4   D7
고 통가운데 계신주님 -

G   F#m   B7(♭9)   Em   G7/D
변함없 는주님의 크신사랑 -

C   C/D   D7   C/G   G
영원히 주님만을 섬기리 -

메들리곡 • 예수의 이름으로 (165) • 지금 서 있는 이 곳에서 (262) • 지존하신 주님 (264)

(신) 1108
(구) 1163
하나님께서는 우리의 만남을 278
(우리 함께 / Together)
Rodger Strader
G   Am   D7   G
하나님께서 는 - 우리의만남 을
Em7   Am   D7   G
계획해놓셨 네 - - - 우린하나되 어
G7   Am   D7   G
어디든가리 라 - 주위해서라 면
Em7   Am   D7   G C/G G
무엇이든하리 -라 - 당신과함 께 -
G7   C   D7   G   Em
우리는 하 -나 되어- 함 -께걷네 하늘아
Am   D7   G   G7   Am
버 지 사 랑안-에 서 -우리는 기 -다
D7   G   Em   Am
리며-기 -도하네 우리의삶 에
D7   C/G   1. G7   2. G
사 랑넘치도 록 - 우리는 -

279 하나님 어린 양

(Lamb of God)

Chris Bowater

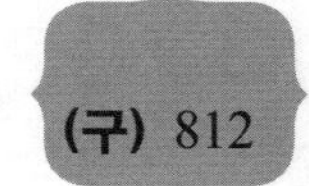

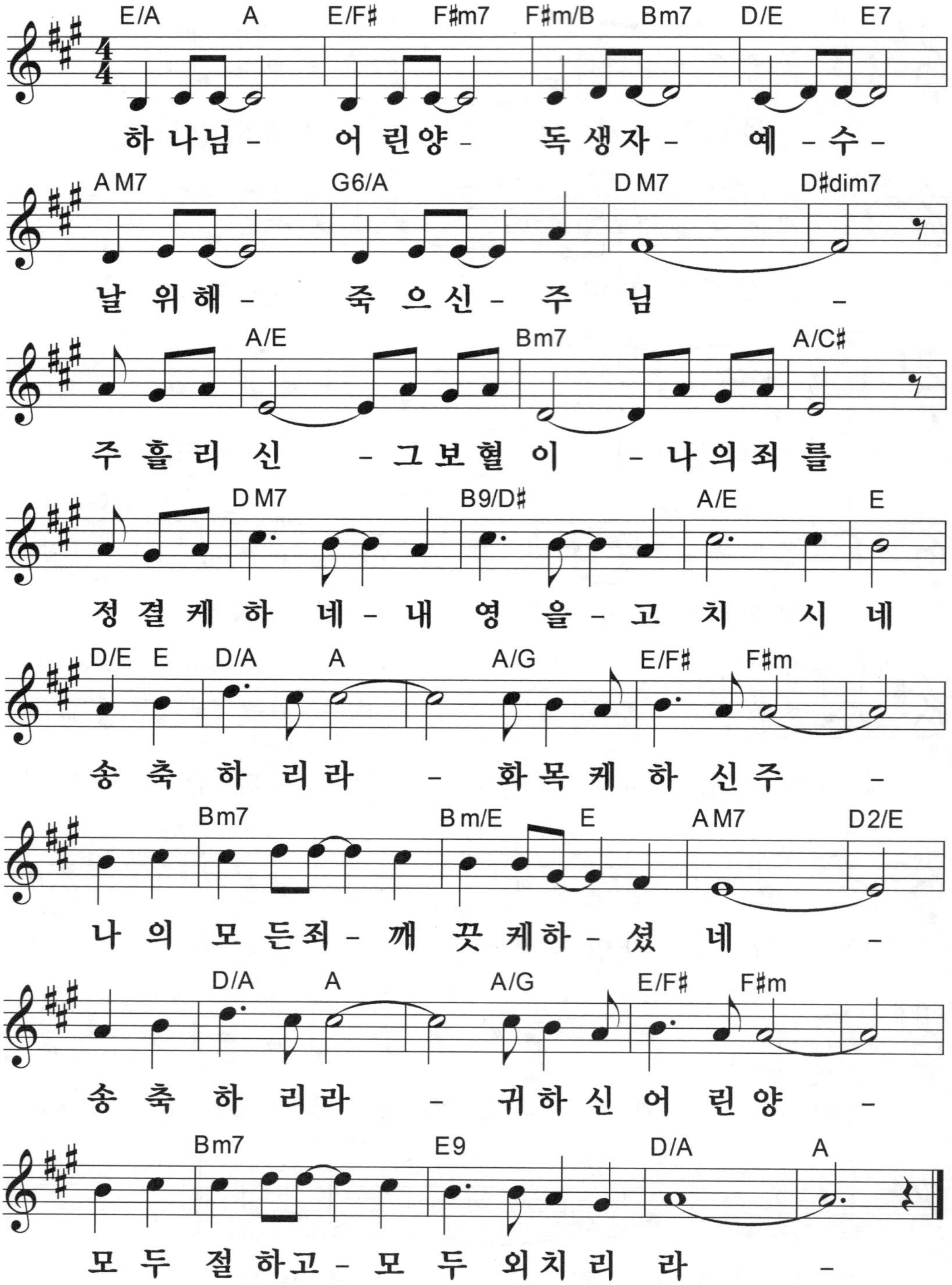

하 나 님 - 어 린 양 - 독 생 자 - 예 - 수 -

날 위 해 - 죽 으 신 - 주 님 -

주 흘 리 신 - 그 보 혈 이 - 나 의 죄 를

정 결 케 하 네 - 내 영 을 - 고 치 시 네

송 축 하 리 라 - 화 목 케 하 신 주 -

나 의 모 든 죄 - 깨 끗 케 하 - 셨 네 -

송 축 하 리 라 - 귀 하 신 어 린 양 -

모 두 절 하 고 - 모 두 외 치 리 라 -

메들리곡   • 나의 안에 거하라 (36)   • 주께 가까이 날 이끄소서 (203)   • 내 삶의 소망 (62)

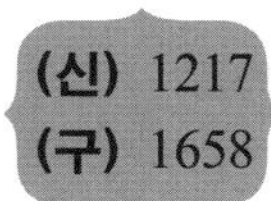

(신) 1217
(구) 1658

하나님은 너를 지키시는 자

280

정성실

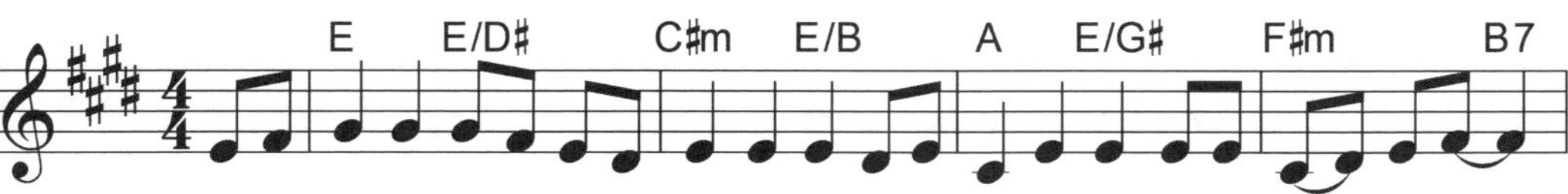

E   E/D#   C#m   E/B   A   E/G#   F#m   B7
하나 님은 너를지키 시 는자 너의 우편에 그늘 되 - 시니 -

E   E/D#   C#m   E/B   A   B7sus4 B7   E
낮의 해 와 밤의달 - 도   너를 해 치 못 하리 -

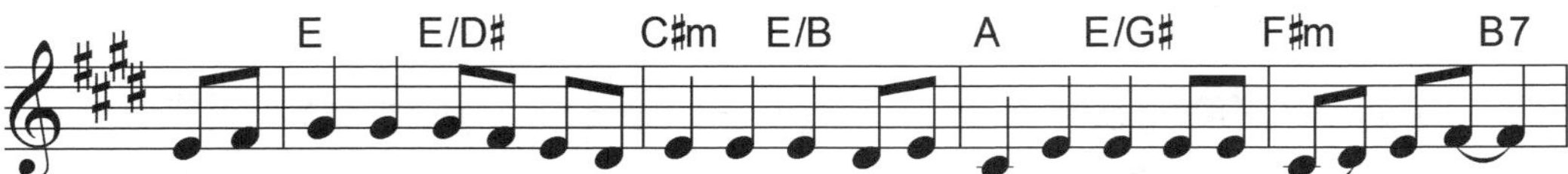

E   E/D#   C#m   E/B   A   E/G#   F#m   B7
하나 님 은 너를지키 시 는자 너의 환난을면케 하 - 시니 -

E   E/D#   C#m   E/B   A   B7   E
그가 너 를 지 키시리 라   너의출 입을지키시리 라

B7   E 7sus4 E   B7   B7/A   E
눈을 들 어 산을보아라 너의도움 어디서오나

G#/D#   C#m   A   F#m   B7   E
천지 지으신 너를만드신   여 호와께 로 - 다

메들리곡   • 나를 지으신 주님 (22)   • 너는 시냇가에(73)   • 당신은 하나님의 언약안에 (78)

281 하나님은 너를 만드신 분

(그의 생각*요엘에게)

조준모

(신) 2134
(구) 1936

하나- 님은- 너를 만드신--분- 너를 가장많--이-
하나- 님은- 너를 원하시-는분- 이- 세상그-무엇-

알고 계시며- 하나- 님은- 너를 만드신--분-
그누 구보다- 하나- 님은- 너를 원하시-는분-

너를 가장깊--이- 이해하 신단다- 하나- 님은-
너와 같이있--고- 싶어하 신단다- 하나- 님은-

너를 지키시-는분- 너를 절대포--기- 하지 않으며-
너를 인도하-는분- 광- 야-에-서도- 폭풍 중에도-

하나- 님은-너를 지키시-는분- 너를 쉬-지-않고- 지켜보 신단다-
하나- 님은-너를 인도하-는분- 푸른 초-장- 으로- 인도하 신단다-

그의 생각- 셀수 없고- 그의 자비- 무궁하 며

그의 성실- 날마다 새 롭고- 그의 사랑 끝이 없단 다

메들리곡
• 아버지 사랑합니다 (154) • 우리는 주의 백성이오니 (182)
• 형제의 모습 속에 보이는 (298)

하나님께서 당신을 통해

282

(구) 1737

김영범

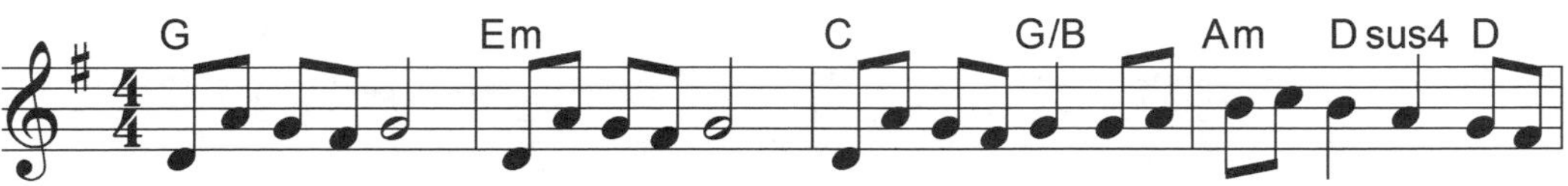

G   Em   C   G/B   Am   Dsus4 D
하나님께서   당신을통해   메마른땅에 샘물 나게하시 기를

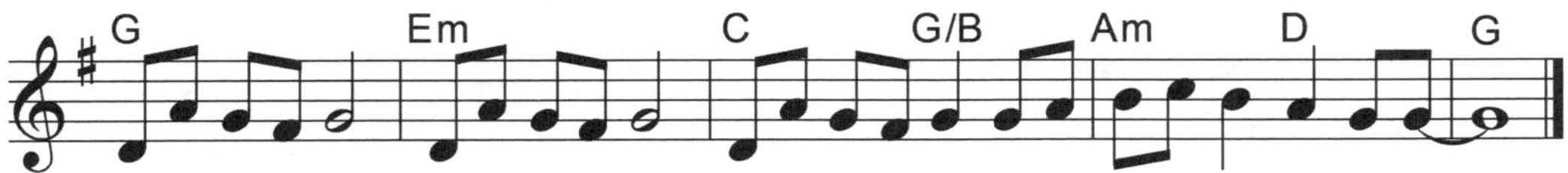

G   Em   C   G/B   Am   D   G
가난한영혼   목마른영혼   당신을통해 주사 랑알기 원 하네 –

메들리곡   • 여기에 모인 우리 (150) • 우리 함께 모여 (187)
• 하나님께서는 우리의 만남을 (278)

283 하나님은 우리의 피난처가

(Psalm 46)

(신) 1599　(구) 1870

Stephen Hah

A　Bm　E7　A
하 -나님은 우리의- 피 -난처가 되시며-

C#m　F#m　D　Bm　E　A
환 -난중에 우리의- 힘 -과도움 이시라-

A　Bm7　E7　A
너 희는가만히 있 -어- 주 가하나님- 됨 알찌-어다

A　Bm7　E7　A
열 방과세계가 운 -데- 주가 높임을- -받으리 라

A　Bm7　E7　A
사 랑합니다내 아버지- 찬 양합니다- 내 온맘다하여

A　Bm7　E7　A
선 포합니다예 수그리스도 주님 오심을- -기다리 며

메들리곡　• 주께 가까이 날 이끄소서 (203)　• 하나님의 사랑을 사모하는 자 (284)
• 내 삶의 소망 (62)

(신) 1683
(구) 1285
하나님의 사랑을 사모하는 자
284
(주만 바라 볼지라)
박성호
A   AM7   F#m   D
하나 님 의 사 - 랑을 사모하는자 하나 님 의 평 - 안을
님 께 찬 - 양과 경배하는자 하나 님 의 선하심을
E   D   E   C#m   F#
바 라 보 는 자 너 의 모 든 것 창 조 하 신 우 리 주 님 이
닮 아 가 는 자 너 의 모 든 것 창 조 하 신 우 리 주 님 이
1. Bm   E sus4   E7   2. Bm   E7   A
너 를 얼 마 나 사 랑 하 시 는 지   하 나   자 녀 삼 으 셨 네
A   F#m   D   B7   E   E7
하나 님 사 랑 의 눈 으 로 - 너를 어느때나바라보시 고
D/E   A   F#m   D   B7   E sus4
하나 님 인 자 한 귀 로 써 - 언 제 나너에게기울이시 니
E7   A   F#m   Bm   D   E   E7
어 두 움 에 밝은빛을 비춰주시고 너의 작 은 신음에도 응답하시니
A   F#m   Bm   E7
너 는 어 느 곳 에 있 - 든 지 주 를 향 하 고 주 만 바 라 볼   찌
1. A   2. A   D6   D   E   A
라 하 나 라 주 만 바 라 볼 찌 라   -

메들리곡   • 너의 하나님 여호와가(76) • 하나님은 우리의 피난처가 (283) • 내 삶의 소망 (62)

285 하나님의 음성을 듣고자

(시편 40편)

김지면

(신) 1934
(구) 568
하 나님의음성을 듣고자 -기-도하 면
주 를의지하-고 교만하 지않-으-면

귀-를 기울이고나 의 기도를 들어주신다- 네
거짓 에 치우치지아 니하-면 복이있으리- 라

깊 은웅덩이-와 수렁에 서끌어주시 고
여 호와나의주는 크신권 능의-주- 라

나의발 을반석위-에세 우시사 나를 튼튼히하셨 네
그의크 신권능으-로우 리들을 사랑 하여-주시 네

새 노 래로-부르 자 라라라 하나 님 께올릴찬송 을

새 노 래로--부르-자 하나 -님-사랑을

메들리곡
- 내 안에 사는 이(64) · 은혜로만 들어가네 (189)
- 하늘보다 높으신 주 사랑 (289)

(신) 1592
(구) 1911

하나님이시여

(주는 나의)

유상렬

하나님이시-여 하나님이시-여 주는 나의 하나님이 시 로 다

나의몸과마-음 주를갈망하-며 이제 내가 주께고백 하 는말

여호 와는 - 나의 빛이요 - 여호 와는 - 나의 구원이시니 -

내가 누구를 - 두려워 하리요 - 여호 와는 생명의 피난처시니 -

주의 인자가 - 생명보다 나으므로 내 입술이 - 여호와를찬 양하리 -

내 평생에 - 주를찬양 하며 - 주의 이름으- 로내손들리라 -

메들리곡 • 거룩하신 성령이여 (7) • 내 구주 예수님 (55) • 여호와 우리 주여 (151)

287 하나님 한번도 나를

(오 신실하신 주)

(신) 1244
(구) 995
최용덕

하나님한 번도 나를 - 실망시킨 적없으 시고 -
지나온모 든세 월들 - 돌 - 아보 - 아 - 도 - -

언제나공 평과 은혜 - 로 나를 - - 지키셨 네
그 어느것 하나 주의손길 안미친것 전혀없 네

오 신실 하 신 주 오 신실 하 신 주

내 너를떠나지도 않으리라 내 너를버리지도 않으리라

약 속하셨던 주님 - 그 약속을지키 사

이 후 로도 영원 토록 - 나를 지키시리라 확신하 네

메들리곡 • 예수 사랑해요(162) • 사랑하는 나의 아버지(115)
• 하나님의 음성을 듣고자 (285)

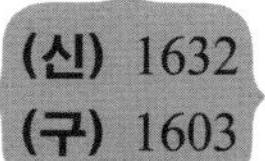

(신) 1632
(구) 1603

하늘 위에 주님 밖에
(God is the strength of my heart)

Eugene Greco

288

A   D/A   A   D/E
하늘위 에주 -님- 밖에 -

A   D/A   Em/A   A7
내가 사모할자 - 이세상 - 에 - 없 - 네   -

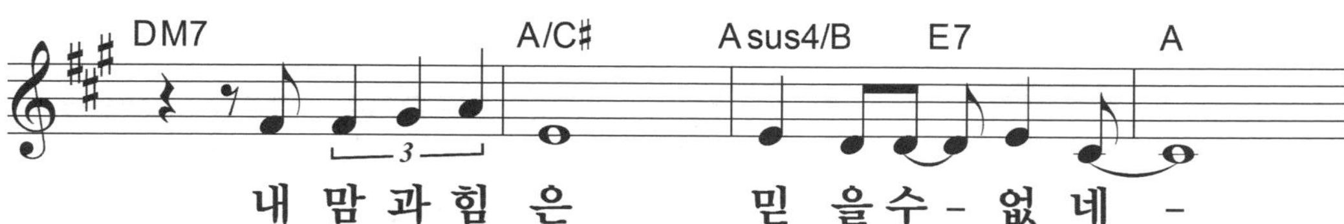

DM7   A/C#   Asus4/B   E7   A
내 맘과힘 은   믿 을수 - 없 네   -

DM7   A/C#   Asus4/B   D6/E
오 직한 가지   그 진 리를 - 믿네   주는나의

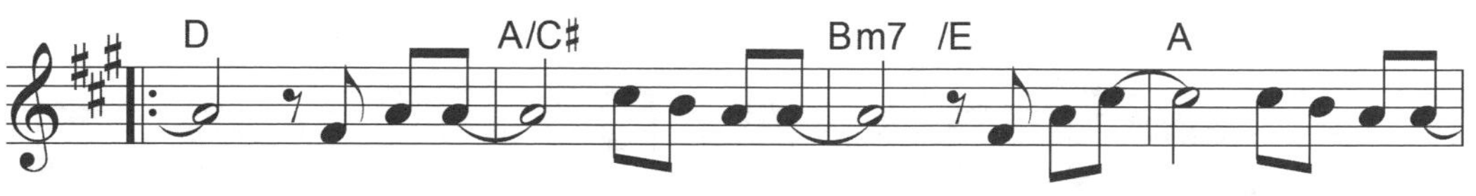

D   A/C#   Bm7 /E   A
- 힘 이요 - 주는나의 - 힘 이요 - 주는나의

D   C#m7   F#m   Bm   A/C#   D6 /E
- 힘 이요 - 영 원 히 - 주 를   의 지 - 하리

1. D6/E   2. D6/E   A
주는나의   영 원 - - 히   -

메들리곡 • 새힘 얻으리 (120) • 주님은 아시네 (224) • 지금은 엘리야 때처럼 (263)

289
하늘보다 높으신 주 사랑
(하나님께서 세상을 사랑하사)
Scott Brenner

하늘보다 - 높으신주사랑 - 바다보다 - 넓으신주사랑
- 나를 - 향한 - 크고높 - 으신 - 사 - 랑
- 헛되고헛된 - 그모 - 든것 - 내게서멀리 - 거두 - 셨 - 네
- 나의 - 수치 - 찬양되 - 었네 -
- 찬양되 - 었네 - 영원 - 히감 - 사드 - 리리 - 주님
- 의그 - 은 - 혜 - 날찾 - 아주 - 신그 - 사랑 - 오주
- 님내 - 전 - 부 - 사랑 - 해요 - 경배 - 해요 - 나주

하늘보다 높으신 주 사랑

위해 살 리 영원토 록신 실하 신주 사랑
을전 하 리
하 나님 께서 세 상을 사랑 하 사 독생자를주셨
으니 믿는 자는 영생 을얻 으 리 을얻 으 리 난믿네
난 믿네 난 믿네 다시사
신독 생 자 난믿네 난 믿네 난 믿네
난 믿 네 난 믿 네

메들리곡 • 내 입술로(68) • 예수 사랑해요 (162) • 주를 영원히 송축해 (230)

290
하늘의 나는 새도
(주 말씀 향하여 / I will run to You)
(신) 1680
(구) 1849
Dalene Zschech

하늘 - 의나 - 는새 도 주손길 - 돌보 - 시 네 -
온땅에 - 충만한 - 주사랑 - 으로 - 내마 음을덮으 - 소서 -
주나 - 를부 - 르셨 네 주의 - 영광 - 위 해 -
모든사 - 람 - 이끄소 - - 서 - 주의 영 - 광 - - 으로 -
주말씀향 - 하 - 여 - - 달려가 - 리 라 -
힘도아닌 - 능 - 도아 - 닌 - 오 - 직성 - 령 - 으로 -
주얼굴향 - 하 - 여 - - 달려가 - 리 라 -
오주의영 - 광 - 한에 - 살게하 - 소서 - - -

메들리곡 • 오직 주님만 (174) • 지금 서 있는 이 곳에서 (262) • 지존하신 주님 (264)

할렐루야 할렐루야

291
(주 사랑 놀라와 / Hallelujah)
Brian Doerksen & Brenton Brown

할렐루 -야- 할렐루 -야- 할렐루 -야-
주의사 -랑 날 할렐루 -야- 할렐루
-야- 할렐루 -야- 노래하 -게 해
주사랑 -놀라 - 와 항상변 -함없 - 네 견고한 - 나
주사랑 -놀라 - 와 더욱커 -져가 - 네 나의깊 - 은
의 산 반석되 -시네 주사랑 -신비 - 해 나를받 -으시
곳 에 기쁨넘 -치네 나주를뵐 -때마 - 다 선하신 -빛비치
- 네 적이에 -워 싸 도 보 호하 - 시네
- 니 내안에 주 -의 노 래 커 져만 - 가네

메들리곡 · 내 모든 삶의 행동 주 안에 (61) · 예수는 왕 예수는 주 (158)
· 주의 이름 높이며 (250)

292 할 수 있다 하면 된다
(할 수 있다 해 보자)

(신) 1462　(구) 758

윤용섭

할 수 있 다 하면된 다 해 보 - 자
믿 는 자에 게 능 치 못 함 이 없 으 리 라
나 는부족해도 나 는약해도 주님 도와 주신 다
믿음가지고 - 꿈 을가지고 주님 바라 보아 라
기 도하면서 - 찬 양할때에 주님 함께 하신 다
의 심말고 두 려워말라 좋 은일일어난 다
성 령님이 도와주신다 좋 은일일어난 다
할 렐루야 할렐루 - 야 기 적 이일어난 다
말 씀안에서 믿 음안에서 할수있다해 보 자

메들리곡　•예수보다 더 좋은 친구 (161)　•오라 우리가 (169)　•주의 자비가 내려와 (256)

(신) 1384
(구) 1094
할 수 있다 하신 이는
293
이영후 & 장욱조
할수 있다 하신이는 나의능력주하나님
의심 말라 하-시고 물결위 로오라하시네
나를바라 보-시고 능력준 다하-시-네
주저말라 하-시고 십자가 를지라하시네
변치말라 하-시고 성령충 만하게하시네
할수 있 - 다하신 주 할수 있 다하신 주
믿음만 이 믿음만 이 능력이라하 시 네
사랑만 이 사랑만 이 능력이라하 시 네
희생만 이 희생만 이 능력이라하 시 네
성령만 이 성령만 이 능력이라하 시 네
믿음만 이 믿음만 이 능력이라하 시 네
사랑만 이 사랑만 이 능력이라하 시 네
희생만 이 희생만 이 능력이라하 시 네
성령만 이 성령만 이 능력이라하 시 네

메들리곡   • 거리마다 기쁨으로 (9)   • 복음 들고 산을 (108)   • 할 수 있다 하면 된다 (292)

항상 진실케
(Change my heart, oh God)

Eddie Espinosa

(신) 1633
(구) 824

항상 진실케 - 내 맘 바꾸사 -
하나님 닮게 - 하여 주소 서
주는 토기 장이 나는 진흙 -
날 빚으소 -서 기도 하오 니

메들리곡 · 나의 만족과 유익을 위해 (30) · 나의 입술의 모든 말과 (38)
· 아버지 당신의 마음이 (139)

(신) 1556
(구) 666

해 뜨는 데부터
(From the rising of the sun)

295

Paul S. Deming

해 뜨는 데 부터 - 해 지 는 데 까 지 - -
주 이 름 찬 양 받 으 리 해 뜨 는 데
할 렐 - 루 야 여 호 와 의 모 든 종 들 아
주 이 름 찬 양 해 이 제 부 터 영 원 - 까 지
주 이 름 찬 송 할 지 로 다

메들리곡
• 기뻐하며 승리의 노래 부르리 (16) • 내 영이 주를 찬양합니다 (66)
• 우리 함께 기뻐해 (186)

296 햇살보다 밝게 빛나는

(왕 되신 주 앞에 / Offering)

Paul Baloche

(구) 2204

햇살 - 보다 - 밝게 - 빛나 는주의 - 영광 -
모든 - 어두 - 움물 - 리치 - 네 -
누구 - 도주 - 앞에 - 다가 - 설수 - 없네 -
주의 - 거룩 - 한보 - 좌앞 - 에 - 오
직주의 - 보혈 - 주의궁 휼의 - 지하 - 여 나아가리
- 왕되 신주 - 앞에 - 나경 - 배합 - 니다
- 주님 만찬 - 양받 - 기합 - 당하 - 시니
- 큰존 귀와 - 영광 - 홀로 - 받으 - 소서

G sus4
B♭2
C sus4
오주 - 앞에 - 나나 - 아갑 - 니다
1. F
F2/A
2. F
왕 되 신 주 -

메들리곡 • 거룩하신 하나님 (8) • 나의 모습 나의 소유 (33) • 주님과 함께하는 (212)

297

허무한 시절 지날 때

(성령이 오셨네)

(신) 1607
(구) 2216

김도현

C   E7(b13)(#9)   Am7   Gm7 F#7(b5) FM7   Em7   Am7
허무한시절지날때 –   깊은한숨내쉴때 –   그런풍경보 –시며 –탄식
억눌린자갇힌자 –   자유함이없는자 –   피난처가되 –시는 – –성

Dsus4 D7   G7   C   E7(b13)(#9)   Am7   Gm7   F#7(b5)
하는분 –있네 –   고아같이너희를 – –   버려두지않으리 –
령님계 –시네 –   주의영이계신곳에 –   참자유가있다네 –

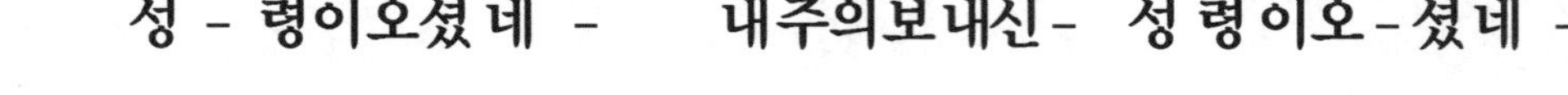
FM7   Em7   Am7   Dm7   G7   C G7 C   Dm7
내가너희와영원히 –   함께하 –리라 –   성령이오 –셨네 –
진 –리 –의영이신 –   성 령이오 –셨네 –

Esus4 E7/G#   Am7   Gm7   FM7   Em7   Am7   C2/D   D7   G7 /F
성 –령이오셨네 –   내주의보내신 –   성 령이오 –셨네 –

C/E   Dm7   Esus4/B E/G# Am7   Gm7 FM7 C/E Dm7 G7(b9) C
우리인생가운데 –   친히찾아 –오셔서 –   그나라꿈꾸게하시네

메들리곡   • 거룩하신 성령이여 (7)   • 하나님이시여 (286)   • 하늘보다 높으신 주 사랑 (289)

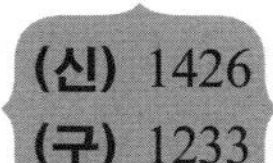

(신) 1426
(구) 1233

형제의 모습 속에 보이는

298

박정관

F   Bb   Gm7   F/C   C7
형제의모습속에 보 이는   하나님형상아름 다 워-라
우리의모임중에 임 하신   하나님영광아름 다 워-라

Am7   Dm   Gm7   C7   F
존 귀 한 주 의 자 녀 됐 으 니 사 랑 하 며 섬 기 리
존 귀 한 왕 이 여 기 계 시 니 사 랑 하 며 섬 기 리

메들리곡　•주를 찬양하며 (231)　•주의 사랑으로 사랑합니다(249)
•하나님은 너를 만드신 분 (281)

299 호산나

(Hosanna)

Carl Tuttle

호산-나 호산-나 호 산나높은곳에서
영-광 영-광 왕의왕께영광을
호산-나 호산-나 호 산나높은곳에서
영-광 영-광 왕의왕께영광을
주의이름높여 - 다찬양하라 -
귀하신주나의하나님 주님께영광돌리세

메들리곡 • 생명 주께 있네 (121) • 나 기뻐하리 (219) • 찬양 중에 눈을 들어 (269)

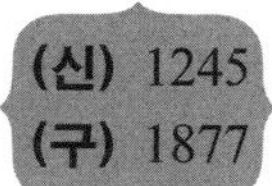

(신) 1245
(구) 1877

힘들고 지쳐 낙망하고
(너는 내 아들이라)

300

이재왕 & 이은수

C   CM7   F   C   Am   D7   G7
힘들고지-쳐낙망 하고넘-어져- 일어날힘 전혀 없-을때 -에-

E7   E7/G#   Am   C   G7
조- 용히다가와- 손 잡아주시며- 나- 에게 말씀 하시네 -

C   CM7   F   C   Am   D7   G7
나에 게실망하- 며- 내 자신연-약해- 고통 속에 눈물흘-릴때 -에-

E7   E7/G#   Am   C   G7   C
못자 국난그손길- 눈물 닦아주시며- 나- 에게 말씀 하-시네 -

C   G/B   Am   C/G   F   C/E   D7   G7
너 는내아들-이 라   오 늘날내가 - 너를낳았도다-

C   G/B   Am   C/G   F   G7   C
너 는내아들-이 라   나의 사 랑하는 내 아들이라 -
Fine

Bb   F/A   C/G   F/A   Bb   F/A   C   F/G   G7
언 제 나 변 함-없이 -   너 는내 아들이라 -

C   E7/B   E7/G#   Am/G   F   D7/F#   G sus4   G7
나의 십자가고통- -해산의 그고 통으로 - 내가 너를 낳았으니 -
D.S.

메들리곡   • 괴로울 때 주님의 얼굴 보라(11)   • 아주 먼 옛날(141)   • 하나님이시여(286)

301 가장 높은 곳에서

현지혜 & 주민정

가장 높 은곳 에- 서 가장 낮 은곳 으- 로 - 찾
아오셨네 날살리려- 고 - 영원 한죽음에- 서 영원
한 생명 으- 로 - 구 원하셨네 크신은혜- 로
그 사랑으- 로 그 의 상함으- 로 - 나 의 영혼
죄 사함받- 았 네 그 구원으- 로 그 의 희생으-
로 - 나 의 영혼 주 안에서- 자 유 해
할렐 루 야 - 할렐루 야 - 가장 높으신-주그
영광을- 찬양하 네 - 할렐 루 야 - 할렐 루 야

가장 높은 곳에서

가장 높으신 - 주 그 영광을 - 찬양하 네 할렐
높으신 - 주 그 영광을 - 찬양하 네 그 사랑으 -
로 그 의 상함으 - 로 - 나 의 영 혼 죄 사함받 -
았 네 그 구원으 - 로 그 의 희생으 - 로 -
나 의 영 혼 주 안에서 - 자 유 해

302 나는 노래하네

김지은

나는노래-하--네 - 자유케하--신 주 -의사-랑- 모든
나는노래-하--네 - 날구원하--신 주 -의은-혜- 모든
것을 내-어주시 ---고- 우리를구-하셨-네 -
것을 주-께맡기 ---고- 내삶주께-드리-리 -
- 누가 우리-를- 주의 사랑에서- 끊을수있- 으리
- 나이제 - 주 - 만 - 주만 위해살-겠네 그 어떤
-것--도- 막지 못하--네 주님의 - 사 - 랑 - 작은
나를감-싸네 오주의 영광안에 살겠-네 -

메들리곡 • 주 품에 품으소서 (259) • 가장 높은 곳에서 (301)

나는 하나님을 예배하는

(나는 예배자입니다)

송세라 & 전종혁

나는하나님을 예배하 - 는 예배자입니다
내가서있는 곳 어디서 - 나 하나님을예배합니다
내 영혼 - 거룩한 - 은혜를 - 향하여 -
내 마음 - 완전한 - 하나님 향하여 - 이 곳
에서 바로 이시간 하나님을예배합니다

메들리곡 • 나는 노래하네 (302) • 오늘 이곳에 계신 성령님 (320)

304 나보다 나를 잘 아시는 주님

(시편 139편 / Psalm 139)

주민정

나 보다나를 - 잘 - 아시는 주 - 님 - - -
내가 주를떠나 - 어디 로가겠나 - 이 까 -
나 어딜가든 - 지 주의 손이나를 인도하 - 시며
주의 오른손이 - 나 를붙드시 - 리다 - -
나 를 창세전 -부 -터- 계 획하 -시고 -
지금까지 - 인 - 도 하 -시네 - - - 하나님
-이 여 주의생 -각 이 어찌그 -리보배 로우신
-지 -요 나의생 -각보다 나의뜻 - 보다 - 더

나보다 나를 잘 아시는 주님

F#m7
A/B
E
크고 놀 - 라우신 - 주 - 님 하나님 - 이 여 나를살
E/G#
A2
Am/C
- 피 - 사 나의마 - 음 을 다아시 - 오 - 니 - 나를
E/B
C#m7
F#m7
A/B
Esus4
E
영원한길 - 로 인 - 도하 - 소서 - -

메들리곡 • 예수님 목 마릅니다 (159) • 주께 가오니 (205)

305 나를 지으신 이가

(하나님의 은혜)

조은아 & 신상우

나를 지으신이가 - 하 나 님 나를 부르신이가 - 하 나
님 나를 보내신 이도 - 하 나 - 님 - 나의
나된것은다 하나님 은혜라 - 나의 달려갈길 다 가도록
- 나의 마 지막호흡 - 다 하 도록 - 나로
그십자가 - 품게 하시니 - 나의 나된것은다 - 하나님
은혜라 - - 한량없는 은 혜 - 갚을길없는
은혜 내삶을에워 싸는 - 하나님의-은 혜
- 나 주저함없 이 - 그땅을밟음 도
- 나를붙드시 는 - 하나님의은 혜 -

날이 저물어 갈때 306

(주가 일하시네)

이혁진

C M7   G2/B   F/A   C/E   D m7   G♭7   C G♭9
날이 저물어 –갈때– 빈들 에서걸 –을때– 그때 가 – 하나님 의때 –
우리 모인이 –곳에– 주님 함께계 –시네– 누리 네 –아버지 은혜 –
C M7   G2/B   F/A   C/E   D m7   G♭7   C
내힘 으로안 –될때– 빈손 으로걸 –을때– 내가 고백해 –여호와이 레 –
적은 떡과물 –고기– 내모 든걸드 –릴때– 모두 고백해 –여호와이 레 –
C/E   F   G/F   E m7   A m7 /G   D m7   G♭9   C
주가 일 하시네 – 주가 일 하시네 – 주께 –아끼지않 –는 자에 게
C/E   F   G/F   E m7 E/G#   A m7   D m7   G♭9   C M7
주가 일 하시네 – 주가 일 하시네 – 신뢰 하며걷는자 –에게 –

메들리곡 • 내가산을 향하여 (49) • 하나님의 음성을 듣고자 (285)

307 난 주러왔을 뿐인데

(난 이렇게 많이 받았는데)

박용주 & 유은성

난 주러왔-을뿐-인데 - 오히 려내가-받고 갑니다
- 눈물 닦아주-러왔-을뿐-인 - 데 내
눈물만-흘리고갑-니다 - 씻 어주-러왔-을뿐-인데
- 오히 려 내가-씻 겨 졌습-니 다 -
고쳐주-러왔-을뿐-인 - 데 오히 려내가-치료되어갑-니다
- 전하러 왔는데-이미이곳에-계신 예수를-보고-갑 니다-꿈을
가지고-와 꿈을보-고 돌아갑-니-다 난이렇 게 많이받았-는데
- 다만다 함으-로 주님을-사랑하지못-했-죠 사랑하러

난 주러왔을 뿐인데

A   G#m7(♭5)   C#7   F#m   Em7   E♭aug   D   Bm7
왔는데-더큰사랑-을 받고돌-아- -갑니다-죽은 영혼살-리러와내-가
A/E   E/D   C#m7   F#/A#   Bm   G#dim   C#
살아서갑니 -다 난이렇 게 많이받았-는데 - 더주를사- -랑
F#m   A/E   D#dim   Bm   D/E   A
하 지못 - 함 - 이   미 안 합 니 다   -

308 내게로부터 눈을 들어

(시선)

김명선

내 게로부-터눈-을들-어 주를보-기시-작할-때
성 령이나-를변-화시-켜 모든두-렴사-라질-때

주의일을보-겠네 - 내 작은마-음돌-이키-사
주의일을보-겠네 - 황 폐한땅-한가-운데-서

하늘의-꿈꾸-게하-네 주님을볼때 - 모든
주님마-음알-게되-리 주님을볼때 - 모든

시선을-주님께드-리고 - 살아 계신하-나님-을느-낄때
시선을-주님께드-리고 - 전능 하신하-나님-을느-낄때

- 내 삶 은주의- 역사가-되고 - 하나-님
- 세 상 은주의- 나라가-되고

이 일하기시작-하- -네 -

주님의영광 - 임하네 - 주볼때 - 주님의영광 모든

내게 허락하신

309

(나는 믿네 / Rompendo em fe)

Ana e Edson Feitosa

내게 허락하 - 신 - 시련을통해 - 나의
믿음더 - 욱강 - 하게 - 자 라나고 - 험한 산과골짜 - 기 지
나는동안 - - - 주께 더가까이 - 나를이 - 끄시네 - 내가
겪는시 - 험이 - 어렵고 힘겨워도 - 내 - 주님보 - 다 - 크지 - 않네
- - - 내앞 의바다가 - 갈라 지지않으 면 주가
나로바 - 다위 - 걷게 - 하리 - - - 나는믿네 - 주의
능력으 - 로내 - 삶새 - 롭 게 되리 - 나는믿네 - 주의
능력으 - 로담 - 대히 - 나아 가리라 - 주 와 함께싸워 - 승 리
하 - 리라 - 날마다 믿음으 - 로나 - 살아 - 가리 -

310

내 모습 이대로

(Just As I Am)

김지은

D2   D/F#   GM7   Asus4   A/C#
내 모습 이대로 – 사랑 하 시네 연 약함 그대로 – 사랑
Gm/D   D2   D/F#   G2   Gm/Bb
하 시네 – 나의 모든발 –걸음 – 주가 아 시 –나니 –
1. D/A   Asus4   A   2. D/A
날 인도하 –소서 – 내 모습 날 인도하 –소 –
Asus4   A   Ab7(#11)   G2   D/F#
서 주의 날 개 – 아래 거하 –는것 – 주의
G2   Am7   C/D D2   GM7   A/G
임 재 –안에 거하 –는것 – – – 나의 가장큰 –소망 – 나의
F#m7   Bm7   Em7   G/A   A D/F#
가장큰 –은혜 – 주와함께동 행 하 – 는 – 일 주의
G2   D2/F#   G2
날 개 – 아래 거하 –는것 – 주의 임 재 – 안에 거하 –는것
Am7   C/D D2   GM7   A/G   F#m7   Bm7
– – – 나의 가장큰 –소망 – 나의 가장큰 – 은혜 –
Em7   G/A   G/D   D2
주와함께동 행 하 – 는 일 –

내 백성이 나를 떠나

311

(여호와께 돌아가자 / Love Never Fails)

김준영 & 주민정

내백성이 나 를 떠나- 돌아-섰지만 -
내사랑이 내 백 성을- 포기 -못하-니 - 내
모 든것 내어주 고 나그들- 을 얻으리라 - 여호와-
께 돌아- 가자 - 우린돌 -아서도 그는변 -치않네 여호와-
께 돌아- 가자 - 우린넘어져도 그사랑 영원하 네 사랑-은
- 오래- 참고 - 자신-을 - 내어- 주네 - 서로사
-랑할때 세상은 주보네 사랑은 -절대지-지않네 - 사랑-은
- 여호와- 께 돌아- 가자 - 우린돌 -아서도 그는변
-치않네 여호와- 께돌아-가자 - 우린넘어져도 그사랑 영원하 네

312 마음속에 어려움이 있을 때

(그럼에도 불구하고)

(신) 2128

조영준

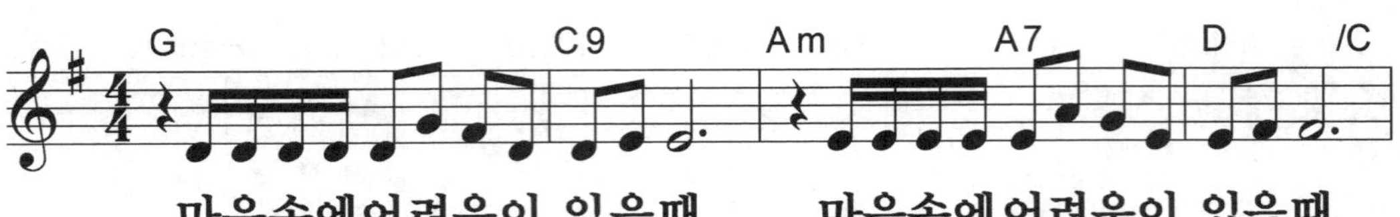
마음속에어려움이 있을때   마음속에어려움이 있을때

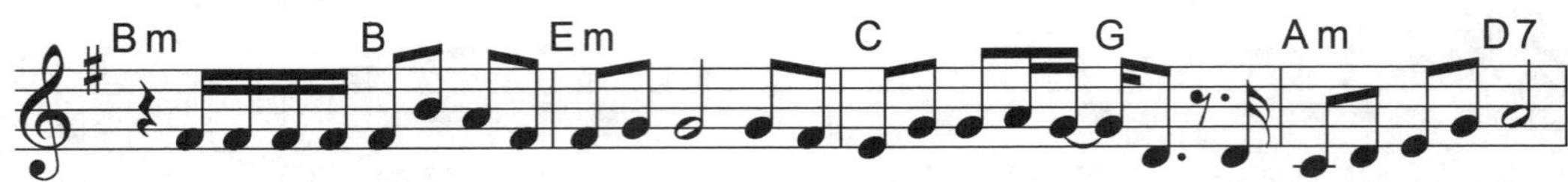
마음속에어려움이 있을때 주님 내게먼저오–사 내 맘을만지고

주님앞에나아올수 없을때   주님앞에나아올수 없을때

주님앞에나아올수 없을때 주님 날 먼저안 으시 네 그

럼 에도불구하–고   날사랑하–시는–내 하나님–의사랑은–나의

모든걸덮고그 럼 에도불구하–고   날안아주–시는–내

하나님–을부를때–아버 지라부르죠그   지라부르죠

메들리곡   • 보라 너희는 두려워말고 (105)   • 세상의 유혹 시험이 (129)

사람이 넘치기보다

(교회)

염평안

사 람 이 넘치기-보다- 사 랑 이 넘치는-교회-
섬 김 을 원하기-보다 - 섬김 의기쁨- 알아가는교 회
세 상 이 -주 목하기-보다- 주 님 이 -주 목하는- 교회 -
화 려 한 겉모습-보다- 중심 이 -주를향한교 회 주님
이피로사신- 아름다운교 -회-서롤 사랑함으로- 하나되 는교-회-주님
이머리-되신- 거룩 한교회- 우리 함께만- 들 어 가 - 요
내 작 은 생각보-다도- 하 나 됨 의 소중 함아는- 교회 -
세 상 에 -알 려지기-보다- 서로 가서롤 - 깊이아는교 회 주님

314 빈 손으로 왔습니다

(순종)

이권희

빈손으-로왔습니다 - 작은 사랑-가슴에안고 - 순종
하며-왔습니다-가슴이움직이는대로- 이곳에- 왔습니
-다 - 나를버리고- 내려 놓은때 내안에넘치는사랑을- 보았
습니다 - 작은순종에- 하늘 문을여- 시는- 그
사랑에- 눈물흘립니다 - 나 이제이곳에- 살아갑니다- 당
신의사랑나누며-한줌의흙이되-기를- 이곳 에나를-묻고- 내
생명다할때까지- 떠나지-않습니다-사랑 - 꽃을피울때까 지
떠 나 지않습- 니다 - 순종합 - 니다 -

빈 손으로 왔습니다

이 땅에 - 하늘 의사랑을 심고 - 생명의 꽃들을 -
파울때까지 - - - 나 이제이곳에 - 살아갑니다 - 당
신의 사랑나누며 - 한줌의 흙이되 - 기를 - 이곳 에나를 - 묻고 - 내
생명 다할때까지 - 떠나지않습 - 니다 - 순종합니다 -

# 315 생명의 말씀

생명의 말씀
(말씀이 삶으로 삶은 예배로)
이권희

생명의말 - 씀 내 안에있네 - 내 삶을비추 - 시네
- 천 지를만 - 드신 - 그말 씀이내 - 안에 - 역사
하시네 - 아버지를 예배케 - 하네 거룩한 보혈
- - 나를살리 - 시네 - 진리의 성령 - - 나를이끄 - 시네
- 생명의말씀 - 내 안에가 - 득해 - 하늘 의비밀 - 알게
하시네 - 말씀이삶 으 로 삶은예배로
- 생명의그말 - 씀 나를이끄시네 - 나의가는걸
- 음 - 걸음마다 - 주의빛 - 비추 - 시네 - 나오 직 - 주님을노 - 래해

생명의 말씀

Dsus4   G/B   C   D   G   G/B
- 말씀이삶으로   삶은예배로 -   나오직주님
C/E   D/F#   G   G/B   C   D/C
- 만 의지하여살리 -   생명의그말 -씀- 오직예수-
Bm7   Em7   Am7   Am7/D   C/G   G
만물의- 통- 치자- 높임 을   받 으소서

316 슬픈 마음 있는 자

(예수 예수)

김도현

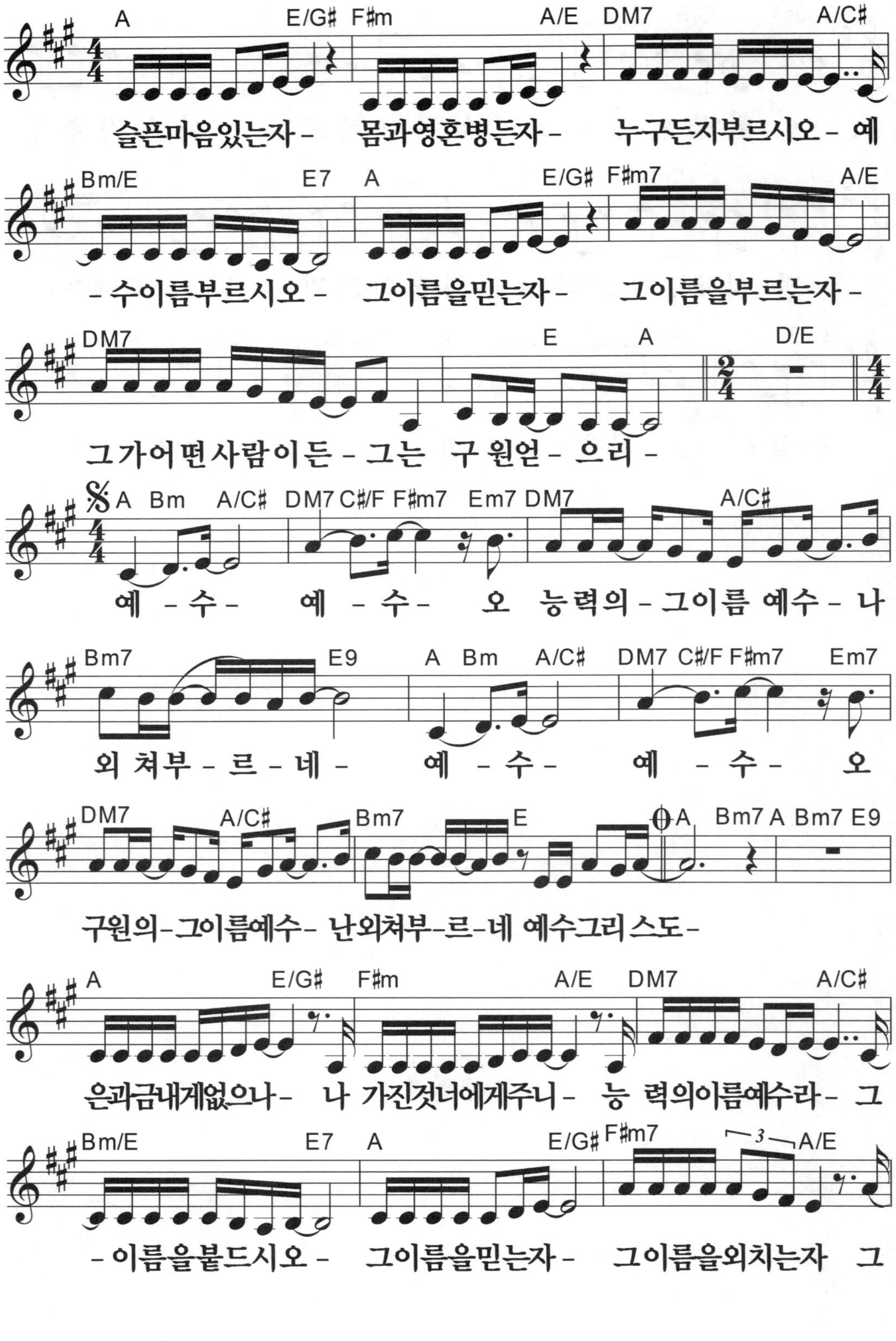
A E/G♯ F♯m A/E DM7 A/C♯
슬픈마음있는자 - 몸과영혼병든자 - 누구든지부르시오 - 예
Bm/E E7 A E/G♯ F♯m7 A/E
- 수이름부르시오 - 그이름을믿는자 - 그이름을부르는자 -
DM7 E A D/E
그가어떤사람이든 - 그는 구 원얻 - 으리 -
A Bm A/C♯ DM7 C♯/F F♯m7 Em7 DM7 A/C♯
예 - 수 - 예 - 수 - 오 능력의 - 그이름 예수 - 나
Bm7 E9 A Bm A/C♯ DM7 C♯/F F♯m7 Em7
외 쳐부 - 르 - 네 - 예 - 수 - 예 - 수 - 오
DM7 A/C♯ Bm7 E A Bm7 A Bm7 E9
구원의-그이름예수- 난외쳐부-르-네 예수그리스도-
A E/G♯ F♯m A/E DM7 A/C♯
은과금내게없으나- 나 가진것너에게주니- 능 력의이름예수라- 그
Bm/E E7 A E/G♯ F♯m7 3 A/E
- 이름을붙드시오 - 그이름을믿는자 - 그이름을외치는자 그

슬픈 마음 있는 자

D.S. al Coda
DM7 A/C# Bm7 E A D/E
-가어떤사람이든- 그는- 주의 영광보- -리라-
A E/G# A/G D/F# Dm/F A/E A/C#
- 우리게주신영광의이름 나어찌잠잠하리- 세상
DM7 Bm7 Esus4 Dbm7/Gb
에크게외쳐부르리 나의주 예수그리스- 도
Bb Cm Bb/D EbM7 D/Gb Gm7 Fm7 EbM7 Bb/D
예 - 수- 예 - 수- 오 능력의- 그이름예수- 나
Cm7 F9 Bb Cm Bb/D EbM7 D/Gb Gm7 Fm7
외 쳐부- 르- 네- 예 - 수- 예 - 수- 오
EbM7 Bb/D Cm7 F9 Bb
구 원의- 그이름예수- 나 외 쳐부- 르- 네 예수그리스도 -

메들리곡 ・나 가진 재물 없으나(18) ・주님을 사랑하는 기쁨을(325)

317 세상의 부와

(삶으로)

장진숙

세상의 부와- 세상의 명예- 세상 자랑- 모두내려- 놓
고 날구한 십자가- 날씻긴 보혈- 주의 은혜를-깊이 생각
합니다- 나의 나 된것- 내모 든것- 다 거저받은 선물- 내
삶을- 은혜로-가득 채워주셨- 네 나의 나 된것- 내모 든것- 다
거저받은선물- 내 삶을- 주신 분께-다시 올려드리-니 - 나는
삶 으로- 주님을노래 합니다- 나를 통하여- 주님만높임
받으소-서- 나는 삶으로- 주님을예배 합니다- 나의
삶을빛 - 으로사용 하소서- 나의 삶을빛 - 으로 사용 하소서-

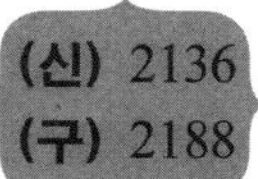

예수 나의 좋은 치료자

(예수 나의 치료자)

송재홍

(신) 2136
(구) 2188
318

예수나-의좋-은치-료자 - 그의 눈이머-무는곳-은 나의
슬픔과-고통- 고개 들어그-의눈-을볼-때에 - 난알았네 예수
나 의좋- 은치 료자 - 예수나 -의좋- 은치 -료자
- 그의 손길이 -닿는곳- 은 나의상처와 -아픔- 영원
히흐를-것같- 았던-눈물 -다멎었네 예수 나의치 - 료자 -
나 노래하 리 라 - 천한 나를돌-아보-신 구세 주를찬 -양해하늘
닿는곳 -까지- 내손들 리 라 - 예수 나의치 - 료자 -

메들리곡   • 내게 허락하신 (309)   • 슬픈 마음 있는 자 (316)

319 예수 우리들의 밝은 빛

Takafumi Nagasawa
예 수 우리들 의밝 - 은빛 - 은혜와 - 긍휼을베푸시는
주 의의길 - 을따라가는주의 자녀들 - 에게 항상
밝은빛 - 을비추시네 - 그 는 구원의주하나 - 님 - 공의로
- 세상을다스리시네 - 주를 경외하는자들에게
부어주시는 놀 라운주님의 영 광 하늘에서
찬란하 - 게빛 - 나는주의 영광 이 땅에오 - 셨네 - - 어
듬을밝 - 히 - 고 새 - 생명주 - 시네 - 영 원히빛나는 - 나
의예수님 - 높 - 이 영광과 - 찬양 - 받으실 그 이름

예수 우리들의 밝은 빛

E m7
A
D
E/D
C#m
F#m
경 배 합 - 니 - 다 슬 픔 을 거 - 두 고 - 내 게 자 유 주 - 시 네 - 기
B m7
D m6
E 7
A
쁨 의 노 래 를 - 영 원 한 나 의 빛 - 예 수 께 -

메들리곡 · 주님 큰 영광 받으소서 (228) · 하나님 어린 양(279) · 가장 높은 곳에서 (301)

320 오늘 이곳에 계신 성령님
전은주, 박보람 & 전은주
오 늘 이곳-에 - 계신성-령님- 우리 에게말-씀하-시고 - 우릴
가르치 -소서- 닫 힌 우리-맘 - 열어주-시고- 주의
빛 으로-밝혀- 우릴 인도하 -소서 - 주님보
-다 - 앞서지않 -고 - 겸 손하게- 주님의말-씀
기 다리리- 주님손 -에 - 우릴 드립니다 - 사
Fine
랑 으로- 인 도하소서 - 창조하-신 - 모습
말 씀
떠난우-리를- 예 수님닮게- 빛으소 서 - 주님보
D.S. al Fine
메들리곡 • 마음이 상한 자를 (89) • 나는 하나님을 예배하는 (303) • 오 주님 당신은 (321)

321
오 주님 당신은
(나의 예배를 받으소서)
이대귀

오주님당신은- 내삶 -구석-구석-까지- 감찰하시며나 -를응원
-하시 -는분- 내길을밝혀서 -영원 -한생 -명의 -길로 -
인도하시며나 -를격려 -하시 -는분- 크 고 작은- 갈
등을겪곤 -하지만- 항 상 결국- 당 신을선택 -합니다-
나의 -유일- 한고 -백의 -대상 -은오 -직아름- 다운- 당
신뿐입 -니다- 나의 -유일- 한고 -백의 -대상 -은오 -직아름
- 다운- 당 신뿐입 -니다- 나의 -예배를받 -으소서- 홀로
- 영광을받 -으소서 -주여 - - - 나의 - -주여 -

322 온 땅의 주인

(Who am I)

Mark Hall

온 땅의 --- 주인되신주- 님이 -
(주님은) --- 나의죄를보- 시고 -
내 이름아- 시며 - 상한 맘돌- 보네 -
사 랑 의눈- 으로 - 날 일으키- 시네 -
어둠을 --- 밝히시 는새- 벽별 -
바다를 --- 잠잠 하 게하- 시듯 -
방 황 하는- 내맘 --- 주의 길 비추- 시네 --- -
내 영 혼의- 폭풍 --- 고 요 케하- 시네 --- -
나로 인 함이- 아- 닌 --- 주가 행 하신- 일- 로 -
나의 행 함이- 아- 닌 - 오직 주 로인- 하여 -
나 는 오 늘 피었- 다- 지 - 는- 이름 없 는꽃- 과같

온 땅의 주인

Eb
F
Eb
Eb/F
- - 네 바 다 에 - 이 는 파 - 도 - 안 개 와 같 - 지 - 만
Bb
F/A
Gm7
F
- 주 는 나 를 붙 - 드 - 시 - 고 - 부 르 짖 음 들 - 으 - 시
Eb
F
Eb
- - - 며 - 날 귀 하 다 하 - 시 - 네 - 나 오 직
Bb
F/A
Gm7
Eb
Bb
- 주 의 것 - -
F/A
Gm
1. Eb
2. Eb
주 님 은

323 왜 나를 깊은 어둠속에

(광야를 지나며)

장진숙

왜 나를- 깊은어둠- 속에 - 홀로두시- 는지 - 어두운밤- 은
왜그리 - 길 었 는지 나를고독- 하게 - 나를낮아- 지게
- 세상 어디 - 도 기 댈곳- 이 없게하- 셨 네 - 광
야 - 광야에 서 있네 - 주님만 내도움- 이
되시고 주님만 내빛이 - 되 시는 주님만 내친구- 되 시는 - 광- 야
주님손 놓고는 - 단하루도 살수없- 는곳 - 광- 야
광야에 서 있네 - 왜 광 - 야
주께서나를사 - 용 하시려나 를더정결케- 하시려나를택하여보내- 신

왜 나를 깊은 어둠속에

그곳 - 광 - 야   성령이 내 영을 -   다시태어나게하 - 는곳
- 광 - 야   광야에 서 있네 -   내
자아가 - 산산히깨 - 지고 -   높아 지려 - 했던 -   내 꿈도 - 주
님 앞에 - 내 어놓고   오 직주님 - 뜻만 -   이루어지 - 기를
-    나를통해 - 주 님만드러나   시 기
를   광 야를 지 나 며

메들리곡   • 나를 지으신 이가 (305)   • 인생이 힘겨워 (324)

324 인생이 힘겨워

(십자가로 나는 충분합니다)

장진숙

인생이힘겨워 - 지친몸 - 과맘 - 이끌고 주님께 - 로
나아옵 - 니다 - 내짐이무거운 - 줄 알았더 - 니 -
내 속의 상처가 - 나 를눌러 - 더욱무겁습 - 니다 내속에는내가 - 스스로
만든상 - 처로 - 그상 - 처로 - 나는 어디에 - 도쉴곳이없 - 고
피흘리는상처 - 를붙 잡고서 - - 서 - 주님을봅 - 니다
- 오 - 주 - 님 주님 을봅 - 니다 -
십자가그 늘에 - 내 맘을누 - 이고 - 주홀로 지 셨던 - 십
자가 봅 니다 - 세상의모 든짐 - 을지 셨던주 - 님 -

인생이 힘겨워

C G/B Am7 D7 G D/F#
내 모든 아픔도 - 주 님어깨 - 에 다지워져 - 있네 나혼자만겪는 - 듯외
C/E G/B Bdim C G/B Am7 D7
로운상 - 처도 - 주님 - 께서 - 이미 나를위 - 해 다담당하 - 셨네
G D/F# C/E G/B Bdim C G/B
피흘리는주님 - 의 손 과발보 - 오니 - 오 - 주님 - 오
Am7 G/B C G/B Am7 G/B
- 주 - 님 - 오 - 주님 - 오 - 주 - 님 -
C G/B Am7 D7 Em G/D
십자 - 가로 - 나는충분합 - 니다 -
C G/B Am7 D7 G
십자 - 가로 - 나는충 분합 - 니다 -

메들리곡 • 슬픈 마음 있는 자(316) • 왜 나를 깊은 어둠 속에(323)

325 주님을 사랑하는 기쁨을

(예수 예수 예수)

배지완

주님을 - 사랑하 - 는 기쁨을 - 그즐거움 - 을빼앗기
- 지않 - 게 - 하소 - 서   주님을 - 사랑하 - 는 기쁨을
- 그즐거움 - 을빼앗기 - 지않 - 게 - 하소 서 - - 예수
- 예수 - 예수 - 예수 - 주님을 - 사랑합니 - 다 - 예수
- 예수 - 예수 - 예수 - 주님을 - 사랑합 - 니다 - 예수 -
호 - - - 산 - 나 - 호 - - - 산 - 나 - 어 서 오 셔 서
- (우리왕 -) 호 - - - 산 - 나 - 호 - - - 산 - 나 - 어 서 오 셔 서
- 우리왕 -
last time Fine
D.C.

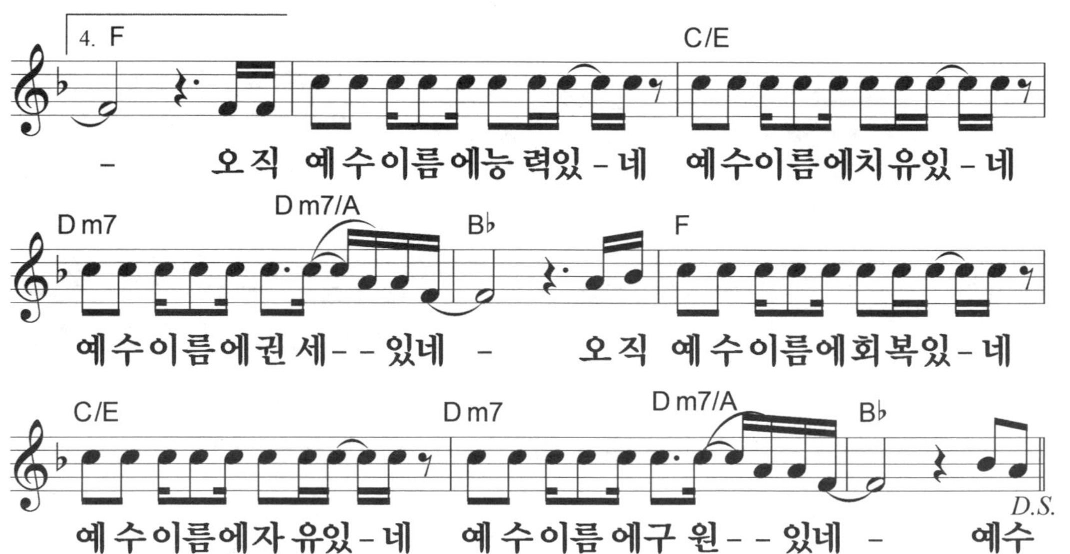
4. F
C/E
D m7
D m7/A
B♭
F
C/E
D m7
D m7/A
B♭
오 직 예수이름에능 력있 – 네 예수이름에치유있 – 네
예수이름에권 세 – – 있네 – 오 직 예수이름에회복있 – 네
예수이름에자 유있 – 네 예 수이름 에구 원 – – 있네 – 예수
D.S.

메들리곡 • 이 땅에 오직 주 밖에 없네 (191) • 슬픈 마음 있는 자 (316)

326
주님의 마음을 주님의 심장을
(주님의 마음을 가진 자)
김도현

주님의마 - 음을 - 주님의심 - 장을 - 주님의시 -선을 - 가 -진자
자신의생 - 각을 - 자신의유 - 익을 - 자신의고 -집을 - 버 -린자

- 상한갈 -대 -와 - 꺼 져가는등 - 불을 - 외면하지
- 주님말 -씀 -에 - 온전한순 - 종과 - -믿음을

- 않 을자 - 누구인 가 - 주님의눈 - 물을 -
- 보 일자 - 누구인 가 - 주님의뜻 - 따라 -

주님의아 - 품을 - 주님의애 - 통을 - 가- 진자 -
주님의의 - 따라 - 주님기뻐 - 하는 - 그뜻 따라 -

이땅을향 - 하신 - 주님의마 -음을 - 가 -진자 - 누구인가 - 누구인가
자기부인 - 하고 - 십 -자가 -지고 - 주님만을 - 따 - 를자 - 누구인가

- 주님의성 - 령부 - 어주 -소서 - 굳 은마 -음제 - 하시

-고이땅을향한주 -의 애끓 는맘부 으사 - 무너진교 -회회 -복시 -키고

주님의 마음을 주님의 심장을

G#m7   C#m7(b9)   F dim7   F#m7   A M7/E   B/D#   A/C#   D
- 주 오 실 - 길 예 - 비하 - 는 - - 하 나님의 - 사람 - - 그
A/C#   D   A/C#   D   B m7   E sus4   E   A
마음가 - 진자 - - 주 님의마 - 음에 - 합한 - 자로 - 세워주소서 -

메들리곡

메들리곡　• 이 땅의 황무함을 보소서 (193)　• 저 죽어가는 내 형제에게 (195)

327 주 발 앞에 무릎 꿇고

(주의 옷자락 만지며)

Saul Morales

A   E   F#m   E
주발앞에 - 무릎꿇고 - 그사랑에 - 나안기네 -
A   E/G#   F#m   E
어떤말도 - 그 어떤소리 -도 그 발앞에서 - 잠 잠해지네 - -
E9   F#m7   C#m   Em7   A7   D
주나의사 -랑 - 그발 앞 에 -앉 아 - - -
Bm7   C#m7   D   E
내모든기도 - 는 -사랑의노 래가 되네 -
A   E   C#m7   F#m7
주 의 옷자락만지 며 주의두 발을씻기며 -
D   A   Bm7   E7
주님 - 그발에입맞 -추 며- 나의왕 관을놓으리 -
A   E   C#m7   F#m7
주의 옷 자락만지며 - 주의 두 발을씻기며 -
D   A   Bm7   E7   A
주님 - 그발에입맞 -추 며- 나의왕 관 - 을 놓으 리

(신) 2011

주 보혈 날 정결케 하고

(주의 손에 나의 손을 포개고)

328

주영광

C D G /B C D G
주보 혈 날 정결케하 - 고   주보 혈 날 자유케하 니

G/B C D/C Bm7 B/D# Em Am7 Dsus4 D
주앞 에 나 예배하는 이 시 간 나의 모든것을주께드리 네

G/B C D G /B C D G
주의 손 날 위해찢기 셨고   주의 발 날 위해박히 셨으니

G/B C D/C Bm7 B/D# Em Am7
이제 는 내가사는것이 아 니 요 오직 주를위해사는것이

D7sus4 C/D D C/E D/F# G Bm7
라 -   주의손에나의손을 포개고   또

Em7 Dm G7sus4 C D/C
주의발에나의발을 포개어   나 주와함께죽고 또

Bm7 Em7 Am7 A/C# 1. D7sus4 D
주와함께살 리라 - 영 원토록 - 주위해살리 - 라 -

2. D7sus4 D G
- 라 -   주위해살리 - 라 -

329 주 이름 큰 능력 있도다

(There Is Power In The Name Of Jesus)

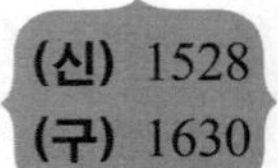

(신) 1528
(구) 1630

Noel Richards

주이름 - 큰능력 - 있도 -다 난믿네 -
주이름 - 큰능력 - 있도 -다 예리한 -
그이름 - 예수의 - 그이름 - 부를 -때
검처럼 - 예수의 - 그이름 - 외치 -며
새생명 - 얻었네 - 마귀는 -
일어나 - 나가세 - 원수는 -
떠나 -가 고 갇힌자 - 자유케 해 - - -
주발 -앞 에 무너져 - 떠 나가네 - - -
- 모든이 -름보다 더 - 높은 이 -름 -
주 예 - - -수 -

메들리곡 • 주님같은 반석은 없도다 (209) • 주 자비 춤추게 하네 (257)

(신) 1572
진정한 예배가 숨쉬는 교회 330
(이런 교회 되게 하소서)
김인식
진정 한 예배가 숨쉬는교회 주님 이 주 인 되시
는 교회 - 믿음 의 기도가 쌓이는교회 최고 의 찬 양을드리
는 교회 - 말씀 이 살 - 아 움 직이는교회 성도 의 사 랑이넘치
는 교회 - 섬김 과 헌신이 기쁨이되어 열매 맺 는아름다운교
회 주님 의 마음닮아 서 이웃 을 사랑하는교 회 주님
의 - 영광을위해 서 빛되신 주 님 전하는교 회 사랑
의 불꽃이 활짝피어나 날마 다 사 랑에빠지 는 교회 - 주께
서 사 - 랑 하는 우리교회가 이런 교 회되게하소서 -

UPgrade BEST **330**

소리높여 주 찬양

2018년 11월 20일 초판 발행

발 행 인 : 김수곤

악 보 정 사 : 노수정

편 집 인 : ccm2u 편집부

발 행 처 : ccm2u

등 록 일 : 1999년 9월 21일 / 제54호

주　　　소 : 서울시 송파구 백제고분로 27길 12

전　　　화 : 02)2203-2739

팩　　　스 : 02)2203-2738

전 자 메 일 : ccm2you@gmail.com

홈 페 이 지 : www.ccm2u.com

블 로 그 : https://blog.naver.com/missiontorch

* 파본이나 잘못된 책은 교환해 드립니다.